東京二見鍾情

明太子小姐の東京生活手帳 —2—

明太子小姐 著

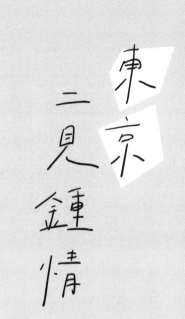

目次

Amber

in

Tokyo

自序

與東京和平共處

在寫下這篇自序前，我把自己手帳內的日記又全部重新讀了一次。上一本《明太子小姐の東京生活手帳》發表至今已經過了兩年半，這兩年半內，我的東京生活有了很大的轉變。我們家從兩個人變成了三個人，因為這個七十五公分的小生命的到來，我可以彎下腰或是踮起腳尖去發現更多不曾留意的東京可愛風景，也因為他，跟這個都市的人們有了許多意想不到的互動。

不管是以一個女人、一名母親、一位妻子或是一個外籍居民的角度，我都比之前的自己窺見了更多樣、更精采的東京風景。有時候覺得自己好像進入了一場虛擬實境遊戲，一會兒跟著泡沫時期的人一起奮力對抗自己的慾望，一下子誤闖了獨居老人的孤獨小島，在神社發現大家虔誠地供養剪刀與針線時睜大了眼睛，某個時刻又突然少女心迸發，覺得這裡真是全世界最適合戀愛的城市。

虛擬實境遊戲中的每個關卡都具有張力，有些關卡特別可愛有趣，我怎麼玩都玩不膩，有些關卡則是讓我死了好幾回合，還是沒找到破關的關鍵。這次我把這些關卡的探險歷程全部都記錄在這本書中，想要邀請大家跟我一起身歷其境。

在〈第三波女子之路〉，我遇見了一群明明被一堆漂亮的衣服雜貨與櫥窗包圍，卻再也對消費提不起勁的人。在〈剛剛好的惠比壽〉，發現了可以享受慢時光的黑色招牌吉野家。翻開〈東京女子圖鑑〉，發現了東京女子們像是千變女郎一樣擁有各種樣貌，非常耐人尋味。在東京生活感到低潮時，曾被〈山里亮太的幽默感〉給深深鼓舞。在生活中失去方向的時候，我會潛入東京的書店，翻翻〈人生使用說明書〉。目前四十歲的我，發現在這個擁擠吵鬧的都市想要更有餘裕地活著，不僅要學習〈日本人的收納哲學〉，也要學著過上〈四十歲開始的減法生活〉。我還明白了一件事，要在東京過上冷漠或是很有溫度的生活，根本都來自自己的選擇。在這個〈ＡＩ與老派並存〉的城市，你可以選擇和〈虛擬女友〉結婚，享受不會失敗的戀愛與婚姻，也可以自己努力組織一張有溫度的人際網絡，在新年時和親朋好友一起分享〈有著熱呼呼年糕湯的新年〉。

每次經歷一個新的關卡，我就會在發現「東京的另一個樣貌」同時，也發現「另一個全新的自己」。遇到的每個人都像是一面面的鏡子，讓我不停地反思。

「那些面孔冷冰冰的人，有時候只是不善於表達。我會覺得別人冷淡，其實只是我剛好來自一個連冬天都溫暖的國度。」

「這城市住了滿滿的人，但有好多是互不往來的、孤獨的人。但老實說，要不要與人頻繁地交流，都是那個人的自由和選擇。」

「日本的搞笑藝人真的是非常重要的存在，他們就像是神燈一樣，把大家一直壓抑著的、不敢讓別人看見的真實自己，用更誇大的方式在舞台上展現出來了。但說穿了，其實只要不被常識給侷限或是綁架的話，即使在這個高壓社會，也可以選擇更自由的生存方式。」

我發現比起以前的自己，我可以用更客觀的角度去欣賞東京的一切，並且去接收它傳遞給我的有趣訊息，因此我也活得比以往更自在、更有餘裕了。我知道這個城市有傲慢頑固的部分，有許多擺脫不了的物質依戀與慾望，但它也有可愛貼心又溫暖的一面，讓人忍不住要一點一點更深入地去探索與理解。

在理解了〈人與人的溫度差〉後，我終於找到了與東京和平共處的方式。我發現學著用理解去代替批判，用幽默感來解開許多難解的習題，就更可以從容地感受它的魅力。

對現在的我來說，東京就像是一塊充滿各種滋味的千層蛋糕，有酸有苦來襯托它的甜，所以味道可以更深層、更洗練。我還滿喜歡這樣有層次的滋味，也分享給正在讀這本書的你們一起享用了。

遇見東京人

chapter 1.

。東京女子圖鑑。

趁著小孩熟睡，我把一直想看的日劇《東京女子圖鑑》找出來，一次看完。這部精巧的日劇每集二十五分鐘，共分為十一集，只花四個多小時就能很過癮地看完，很適合時間不夠的人。

在追這部劇之前，我並沒有先看任何評論，預期它大概會是齣輕鬆有趣、主角造型非常精采的日劇。但是就在我屏氣凝神地看完了整整十一集後，心中留下了好大一個驚嘆號！因為它的內容太寫實太驚悚了，是一部深刻描寫日本女性心理，並且刻劃東京社會現狀的日劇。整齣劇用一種毒舌老鴇回憶人生的口吻，敘述一個秋田出身，對著東京抱有憧憬的女孩，在這個讓人目眩神迷的城市中打轉二十年的故事。故事中描述著她在不同人生階段時住在什麼區域，和什麼樣的男人戀愛，然後就在覺得自己好像已經完全融入了這個城市時，才發現了一道隱形的、永遠也跨不過去的牆……看到「隱形的牆」那部分的時候，心裡面揪了好大一下，同樣以外來者身分居住在東京的我，很能深刻體會那種感受！

東京各區氣質

女主角綾從秋田來到東京後（日本人稱「上京」），從三軒茶屋、惠比壽、銀座、豐洲一路住到代代木上原。她的服裝、妝髮造型、生活方式甚至價值觀都隨著居住區域不停地在變化。在某些日本人看來，這樣的「變化」可以稱為是「進化」，因為居住的區域租金越來越貴，搬到豐洲代表由單身租屋族進階為擁有購屋能力的中產家庭，最後搬到了代代木上原，是東京人心目中「洗練的在地人」才會選擇居住的區域。住在這區的人必須有一定的經濟能力，才能過著雜誌中描繪的時髦生活方式，代表不管是經濟或是心理上都很有餘裕。

搬到東京之前，我並不知道東京有著千面女郎般的多種樣貌。實際住了幾年後，才發現東京這個城市其實是由好多氛圍各異的區域拼湊而來的，閃亮亮的銀座是東京的一部分，熱鬧的渋谷和新宿也是，像是清澄白河還有根津那樣寧靜的下町也是。但就像劇中呈現的，人們只會根據自己當時的生活方式在某幾個區域移動，所以每次只要跨區移動時我都會驚覺：「這裡真的是東京嗎？」

每個區域的人們都有不一樣的氣質，有著不同的流行喜好，也有著不同的價值觀。很奇妙的是，把不同區域的東京人聚集在此，就可以滿容易地分類出來。例如每次到自由之丘都會看到很多穿得很空靈、像是會出現在法國鄉村的人，她們是戴著米色黑邊草帽、白色麻紗長洋裝的森林系女子；但是穿著那樣的服裝去電車車程只有十五分鐘的渋谷，就會顯得格格不入。我覺得《東京女子圖鑑》把東京的各種樣貌描繪得很寫實，會讓人一邊看一邊點頭說：

「對對對！在三軒茶屋出沒的人真的穿得比較休閒，這邊的居民很愛穿牛仔褲！」

「去惠比壽聯誼或是約會的女生，真的會穿這種綴有皮草的外套。」

「在銀座從事流行產業工作的人好像都很愛這樣的髮型配耳環。」

如果在東京逛街，會發現即使是同一個品牌，在丸之內店和銀座以及惠比壽店的陳列還有品項顏色就是會有點不一樣。前往東京不同區域的時候，我也會思考一下穿什麼樣的服裝和那邊的氛圍以及街景比較搭配。我覺得這個是在東京移動時滿有樂趣的一件事，而這件事在劇中有很精闢的描繪。

從三軒茶屋到銀座之路

所以住在銀座就是比住在三軒茶屋來得高級嗎？我覺得倒不一定，但在這個城市生活，的確有不少人會用居住的區域來評斷你。

「喔～你住在三軒茶屋啊！那邊好方便，又離渋谷好近，不少年輕人喜歡住那邊呢！」

「哇！住在銀座，晚上有好多很棒的bar可以去小酌一杯呢！」

活動區域代表生活方式的改變。

偶爾在東京會聽到「十幾歲時渋谷出道」、「三十幾歲就該從銀座出道了」的說法。在很會幫廣告下標語，還有在媒體創造新名詞、新人種的日本社會中，人們很常就在腦子中植入那樣的價值觀。有時候看到日本雜誌封面下的標，都會覺得媒體好像在立下「東京生存遊戲規則」一樣：「三十歲就該拿三十歲的包」、「名片的質感代表你這個人的價值」、「四十歲後就該靠著最先端美容決勝負」。老實說，每次看到都會覺得這樣的價值觀太過物質主義，但同時又反映出了這城市的主流遊戲規則，就像電玩中的打怪遊戲一樣。

征服惠比壽，下一關就是銀座了，三十歲之後就該踩上Manolo Blahnik，當完成了這些任務，代表你進入了「東京人生勝利組」族群，當你想要打進城市的主流，就算不喜歡遊戲規則也不得不玩。若決心不參賽，那就做個非主流的人吧！

隱形的牆

女主角綾離婚後，港區的友人要幫她介紹男友的那一段，讓我印象好深刻。「我們港區的人是不會跟港區以外的人結婚的！」「青蛙還以為自己跟公主一樣，但是公主可以去舞會，青蛙只能在田裡面呱呱叫。」

其實也不是只有在東京才有這樣越不過的牆，某些時候，你的家族社會地位其實早就默默決定了你是怎樣的人種。在東京人的眼裡，即使綾是知名品牌經理，過著有餘裕的生活，終究是「來自秋田的鄉下女孩」，但即使在秋田的同鄉人的眼裡，她卻已經變成了閃閃發亮的東京人。

故事中灰姑娘可以踩上玻璃鞋，麻雀變鳳凰，但事實是在踩上玻璃鞋前，妳必須擁有一雙經過定期除毛、常去ＳＰＡ按摩的美腿，然後還要有來自上流社會Party的邀約，並且擁有從小就在上流社會打轉，耳濡目染習得的社交禮儀，才襯得上那雙鞋。

外貌與工作最後還是敗給了家世背景。

看到這邊覺得編劇好殘忍、超腹黑，但是又覺得太貼近真實了。

至於結局我覺得安排得很好，除了女主角穿皮草牽狗散步的浮誇打扮實在無法讓人不聯想到卡通《一〇一忠狗》那個巫婆外，我喜歡那個讓人意外、不用正義使者觀點撻伐批判主角價值觀的句點。

「將來會變成什麼樣的人，妳自己現在也還不知道吧！遊戲雖然很危險，但是又讓人沉迷在其中無法自拔呢！」

《東京女子圖鑑》是一部很精采深刻的日劇，能在劇中一次窺見東京生活中多種價值觀，並且看完後會想重新審視住在這城市中的自己的心。偶爾走在銀座或是丸之內的街道上，我會對著櫥窗中美麗的服飾還有包包讚嘆，也會忍不住想多看那些妝容精緻、指甲閃閃發亮的美女們一眼，但仔細想想那終究不屬於我對自己人生的角色設定。東京這座大城市有著各色各樣的人們，也許很容易讓人迷失，但同樣地也有更多機會可以看清自己的定位與心。

Cafe de paris

。第三波女子之路。

鬍子、黑框眼鏡、毛帽、New Balance球鞋，我回頭看看五分鐘前幫我點餐的店員，再仔細地端詳一下剛剛幫我把咖啡和鬆餅送上桌的男生，老實說我根本無法分辨出他們誰是誰，臉部特徵早就被印象太過強烈的鬍子和眼鏡給遮蓋住，這兩個人怎麼看都只剩下毛帽還有球鞋的顏色有點不一樣而已。

「藍瓶咖啡店的店員，是不是被規定要做類似的打扮啊？」第一次見到「第三波男子」的我，並不知道他們是何方神聖，也不知道這個族群原來如此龐大，只是對他們藏在毛帽下的髮型充滿疑問，好奇他們衣櫃裡是否得準備可以因應不同氣溫的毛帽？（有些或許是藤麻材質的夏日用偽毛帽吧！我買過一次，覺得這東西真神奇！）

接著我發現在東京，做同樣打扮的男生越來越多了！不只在藍瓶咖啡店裡，或是其他精品咖啡店內；不只有店員、不只有雜誌社編輯，或是會出現在《Brutus雜誌》內頁的男生，而是連走在路上都會時常看到鬍子+黑框眼鏡+毛帽還有New Balance球鞋的裝扮。

「這究竟是什麼流派？實在讓人太好奇了！」在日本，其實還滿容易見到這種「套模板」的流行。即使平時完全不閱讀流行雜誌，只要花個一整天坐在市中心有著大面落地窗的咖啡店，觀察人來人往的人群，大概就可以立即掌握本季關鍵單品，以及歸類出幾類當季流行趨勢。

只是這次這個模板的使用者特別多，而且流行的時間也特別長，讓我覺得必須要好好深究一下。

我打開谷歌網站，在搜尋欄輸入眼鏡、毛帽以及鬍子這三個關鍵字，立即跑出了一長串關於「第三波男子」的資訊。

「第三波男子」一詞出自日本專欄作家辛酸なめこ筆下。被稱為「第三波男子」的理由，是因為這群人和美國帶起的「第三波咖啡」所主張的價值觀相似。「只精心挑選好品質的物品」、「反大量消費」、「比起物質更注重生活態度」，是一種都市中新生的價值觀。而隨著二〇一五年藍瓶咖啡店將第三波咖啡潮帶進東京時，第三波男子也開始在這個城市現身了。

反消費純粹是因為累了

雖然第三波男子時常被周遭的人批評是「只不過是一味地想複製美國流行」、「以為戴了毛帽、黑框眼鏡，留了鬍子，就會和紐約布魯克林區的男生一樣有型嗎？」、「空有外殼卻沒有思想的流行」……但不管毛帽以及眼鏡背後有多少的思想在支撐，住在東京這個城市，我多多少少可以理解第三波男子的心情。

走在東京街頭，總會有過多的聲音和情報鼓勵著你消費。「二〇一八年的春季定番卡其風衣，和往年不一樣！」、「邁向春季，何不買雙可以提升女人味的高跟涼鞋呢？」、「為自己換上新髮色、新髮型的時間到了！」、「白色情人節，你準備好了嗎？」這些聲音聽起來那麼地振奮人心，讓人覺得就像是鼓舞士氣的啦啦隊一樣，提醒著人們只要擁有了這些，就可以踩著愉快的步伐，換上更有朝氣的笑容出發。

然而一時的情緒高昂背後，換來的卻是月底嚇人的信用卡帳單。仔細看看二〇一八年的春季卡其風衣，和二〇一七、二〇一六年的設計根本大同小異，後悔自己多花了冤枉錢外，還得丟掉幾件衣服為衣櫃騰出空間。新買的高

跟鞋和藝術品一樣美，但想到每次搭地鐵光是轉乘就要走上一大段路，就又默默把它收到鞋櫃角落了。新髮型、新髮色讓人可以開心一個月左右，但是每個月維持下去也需要大筆預算。不管是情人節或是白色情人節收到的義理巧克力總是吃不完，明年實在不想再這樣亂買一堆……

「花錢好累！」我時常會有這樣的感慨，為了多餘的支出拚命想破頭去增加收入，為了消費而去蒐集不需要的情報，有時候真的像是傻瓜一樣。花上了大把時間、精力還有金錢後，卻發現自己只是在空轉，在精神或是心靈上並沒有任何獲得。

也許，第三波男子，也有同樣的感受吧？

太多了所以索然無味

在調查「第三波男子」現象時，我回想起二十代的自己。當時我在台灣某雜誌擔任流行雜誌服裝編輯，每天與和山一樣高的美麗服裝、鞋包配件、化妝品為伍，而那個時候我最喜歡的打扮卻是白T搭上牛仔褲和白色Converse球鞋，因為在工作時我已經花了太多心思在服裝搭配上了，我只想維持簡單乾淨的裝扮就好。周遭的朋友不明白，明明我手上就掌握了最新的流行資訊，為什麼不把自己打扮得更光鮮、更前衛一點。

「但我覺得那樣真的太多了！」我回答。

究竟是什麼太多了呢？是衣服上的繁複設計？配件的重量？價格標籤上的尾數三個零？或是需要照顧那些物品的時間？我想都是吧！一個人可以負載的情報量有限，把腦中的硬碟重整後會發現占據硬碟空間的雜亂資訊太多。

「流行已死！」在許多日本媒體上越來越多這樣的評論，因為人們不再像是二十年前一樣，會願意為了某個自己喜歡的品牌花上大筆金錢，對於「好」的定義，也不再侷限於「名牌」以及「高單價」了。對於新世代的年輕人來說，比起把錢花在買衣服或是化妝品上，他們寧可去好好地吃頓飯，或者進行有趣的體驗。

我在日本《GQ》雜誌看到這樣的一篇評論：「從一九二〇年開始，日本就處於一種消費個不停的狀態。其實人們早就感到厭倦了，所以進入了反消費年代。」

的確，太多了就會讓人消化不良。看著堆滿物品的家，反而會懷念起剛搬進來時那個極簡的空間。而且認真想想，生活在東京，空間還有時間才是最寶貴的。

第三波女子

隨著第三波男子風潮，也有不少女生走上「第三波女子」之路，她們的打扮一樣也是眼鏡、毛帽、剪裁方便活動的衣服，時常揹著後背包就出門。我漸漸發現自己也時常做這樣的打扮，有了毛帽和眼鏡，我就不用再花上大把時間畫眼妝以及整理頭髮。方便活動的衣服還有後背包可以讓我跳上單車後就快速到達地鐵站，省下等公車或是走路的時間。因為時常做這樣的打扮，買衣服的慾望少了，衣櫃鞋櫃都變得一目瞭然，出門變成不再是一件有太多負擔的事。有時候也會想想，這樣的自己是不是有點懶惰，或者太沒有創意？但目前的我只想在第三波生活中好好充電與休息，偶爾關上電腦及耳朵，與各式情報絕緣，純粹地享受一下寧靜的時光與空間。

原來早在自己沒有意識到的狀態下，我已經走上了第三波女子之路。也許，路上遇見的第三波男子們，也和我一樣對於消費感到疲憊，正處於身心靈的休息狀態中吧？

matcha
sakura
latte

。人與人的溫度差。

跳上前往品川入國管理局的公車，總能見到這樣有趣的景象。當車窗外快轉的金黃色銀杏步道，讓人意識到東京已經步入深秋，是個適合吃火鍋，並且該為自己添購幾件保暖衣物的季節。隔著走道卻坐著一位穿著短袖T恤的金髮男子，戴著墨鏡正在享受看似和煦的秋日陽光。再換個角度，卻又瞥見幾個穿著厚厚羽絨衣，戴著毛線帽正在打哆嗦的人，讓人不禁猜想，他們是不是來自一個冬天根本就不存在的國家。

即使大家都小心翼翼地把自己的護照放在包包裡收好，在這公車裡卻還是能讓人一眼就看穿每個人來自哪個緯度。突然我想起了日本的晨間新聞總會例行性地報告每天的天氣，並且貼心地建議大家該穿什麼樣的衣服出門。看著和我搭上同一台公車的乘客們，我不禁思索，這些人也和我一樣看了今天晨間新聞的氣象報告嗎？也許某些人覺得氣象主播的建議根本就很不合理吧？

溫度差在日語中有兩個層面的意思，一個就像字面上的，指的是「對於溫度感受的不同」，例如說一碗滾燙的味噌湯有的人喝起來剛好順口，有的人則是覺得燙口。另外一層涵義，則是指「對於事物的感受與態度的不同」。來到日本，而且步入婚姻後，不管是哪種層面的溫度差，我都有很深切的感受。

一直以來我都非常害怕外帶熱咖啡，因為外帶專用的咖啡杯會在上方開一個小口，讓人不需打開蓋子就直接喝咖啡，而這種外帶用的咖啡杯大多會附上一個防燙手的杯套。這件事我老是覺得怪，難道舌頭就不比手怕燙嗎？為什麼店家會提供一杯只燙手不燙舌頭的熱咖啡呢？我因此被外帶的熱咖啡燙傷舌頭很多次，不只在台灣被燙傷過，就算到不同國家居住或是旅行時也屢試不爽。後來我終於弄清楚了，其實我就是那種日本人口中的「怕燙的貓舌頭」，也許別人覺得剛好可以入口的溫度，我卻覺得燙得不得了。並不能怪店家粗心，而是我命中注定根本不該外帶任何熱飲。

然而這樣貓舌頭的我卻遇上了一個超愛滾燙熱湯的男子。

「味噌湯一定要是熱呼呼的，還冒著熱騰騰的白煙的狀態最美味。」他大口喝著剛從鍋裡盛起，感覺海帶豆腐們都還在跳舞的味噌湯。

「紅茶一定要用一百度滾燙的熱水沖，才能呈現最美味的狀態。」他邊喝著，眼鏡早就白茫茫一片。

「這麵再不吃都要糊了，妳究竟要等多久才動筷子呢？」

滾燙系男子在餐桌的那頭永遠不懂我在等什麼，而每次我總在他告訴我麵早就冷掉的時候動筷子而再度燙傷，因此我決定不再聽信他的建議，只相信自己的判斷。

「畢竟只有我才知道我要的溫度是什麼啊！」我慢條斯理地等待食物變涼。

然而很奇妙的是，滾燙系男子卻熱愛著冷便當，對於堅持「便當絕對要吃熱的」的我來說也很百思不得其解。

「便當菜就要是那種冷了也好吃，或是冷了才更好吃的東西才行。」他推著眼鏡說。

我想起以前在台灣念小學時常用的蒸便當機，每次要將鐵製的便當從像溫泉般的蒸便當機取出時總要非常小心，因為很容易就會燙手，而且不是摸摸耳垂就了事的程度。所以帶便當的話，一定還要多帶一條取出便當用的手帕才行。

剛到日本時，我花了好多時間在適應冷便當這件事上。好幾次搭乘新幹線，打開當站限定販賣的華麗便當，我總會想著：「若這便當是熱的有多好

呢！」然而就在我好幾次把從旅程中買的冷便當帶回家加熱後，發現原來並沒有比較好吃後，才發現那便當不是冷掉了，而是一個花了好多心思，刻意做成的冷便當。

溫度差

然而溫度差這件事，在愛情裡，在不同文化裡更是隨處可見。日本文化中最具體的例子就是關東人與關西人的差異，每次從東京前往大阪出差時，我總會覺得大阪人真的比較平易近人和親切，更接近台灣的溫度一點。

剛結婚的時候，和枝豆好幾次因為人際關係中的溫度差點吵起來。

「你不覺得你們東京人很冷淡嗎？」

「難道全世界都要像你們台灣人一樣，可以隨意跟路人交談做朋友嗎？」

這兩句話聽起來好像都滿有理，但仔細想想就是貓舌頭女子和滾燙系男子的無解答爭論。兩個標準原本就不同的人，到底要用哪一方的標準來評斷對錯？然而我們的溫度差除了來自國籍不同外，當然還來自習慣、生長過程以及個性的種種不同。

好幾次的爭吵後，我也常捫心自問。

「是不是我本來就不應該找一個溫度差極大的人結婚？」

「是不是那種溫度很一致的夫妻，才能很和平地白頭偕老？」

甚至還上網輸入「愛情溫度差」以及「夫婦溫度差」等關鍵字搜尋，想知道日本人對於關係中溫度差的看法。後來我才發現，原來不管是什麼樣的伴侶，在相處過程都一定會遇上溫度差，而維繫長久關係最重要的，便是「不要期待對方可以感受和你一樣的溫度」這件事。

在與人的相處上，溫度差這事也隨處可見。光是從公婆的身上，還有從親戚身上就感受到很大的差異。我的公公非常熱情，總是在我開口前就會主動找話題跟我聊，所以和他相處時總覺得很親近沒有距離感；相對地，婆婆就比較冷淡，對我正在做什麼，喜歡吃什麼、去哪裡，一概沒有興趣，見面時總是想破頭也無話可說。後來漸漸有機會分別接觸到公公和婆婆兩邊的親戚，才發現公公家的人本來就都很熱情，和初次見面的外國人也能相談甚歡；而婆婆家的親戚基本上就很冷淡，聚會時大家會討論一下食物，談談最近發生的新聞，但卻不會互相過問彼此的近況。公公過世時，我們剛好在處理完喪事後的一週，有機會參加婆婆家的親戚聚會，而聚會上居然沒有任何一個人提起關於公公的事。老公很訝異地說：「這些人真的冷漠到令人不可思議耶！即使他們收到了訃聞，也可以當作沒有這回事，太讓人驚訝了！」

即使在同樣的日本人中，也會有這麼大的溫度落差。即使是夫妻，也能給人如此不同的感受。

在弄懂了人與人的溫度差之後，我才重新思考，東京也許並沒有我一直以來以為的那樣冷漠。也許只是因為我剛好來自一個連冬天都很溫暖的國度，所以剛好遇上了幾個比較冷漠的人，就開始打哆嗦。在人與人的交往上，也許有的人覺得見了面點點頭就好，有的人就是覺得打招呼就要臉頰碰臉頰才有禮貌，但這說穿了沒有誰對誰錯，就只是因為有溫度差而已。

人相處久了，有時候溫度感覺也會越來越接近，或者會開始揣測與考量對方的溫度感受。例如現在枝豆時常會問我想不想把便當加熱，而我總會在把飯菜都上桌後才遞上一碗熱得滾燙的味噌湯。而我終於明白，溫度差其實不是把人與人的距離隔開的一面牆，反而是把人心變得更溫柔的魔法。

因為終於明白彼此是這麼地不同，才能坦然接受彼此之間的溫度差。也許一直到老，我們都注定要在同一張餐桌上喝著溫度不同的味噌湯，但我深信，即使在有著溫度差的狀態下，只要一個人願意在覺得冷時多加一條圍巾，

另外一個人在感覺熱的時候能夠脫掉外套，那麼就能肩並肩，一同走過春夏秋冬了。

。七十五公分的世界。

「如果這世界上有縮小藥水，我真的非常想要試試看，相信喝下後一定可以看到一個截然不同的新世界。」自從讀過《愛麗絲夢遊仙境》的故事後，我便對故事中那一口喝下就能讓自己縮小的藥水著迷，彷彿只要自己可以變小，這個世界就會變得更寬闊，我就可以活得更自由。

然而，這世界上到底有沒有愛麗絲的縮小藥水？或者哆啦A夢的縮小燈？一直是個謎。

直到有一天，我終於得到了夢想中的縮小藥水。這個藥水完全地打開了我的視野，我看見了從來不曾看過的世界，遇到了好多有趣的人，有了好多新的體驗，開始了我全新的東京生活。

藥水是我的兒子豆豆給我的。從他長到七十五公分高，邁開人生第一步的那天起，他便再也待不住家裡了。每天一睜開眼睛就到鞋櫃拿出自己的鞋，心急地想要出門探索世界。而為了要與他一同展開步伐，我也總是每天慌慌張張地就出門了。

為了配合七十五公分高的豆豆，我總是彎著腰。而因為彎著腰，我才發現了好多事。

「東京的路面其實很多高低不平的地方呢！我之前怎麼從來沒有發現？這樣對於盲人或是年紀大的人來說，其實有些危險呢！」

「東京的公車好高啊！要抬嬰兒車上下車並不容易。而且時常上了公車卻沒有地方擺放嬰兒車，不是很方便耶！使用輪椅的人是否就更不方便搭公車了？」

「其實好多東京地鐵站都沒有電梯，這對推著嬰兒車還有搭乘輪椅、或者行動不方便的人來說真的是致命傷。」一直都是在車站中使用電扶梯快速移動的我，從來就不知道有很多人即使只是移動一下，都要費上大把力氣。

「東京好多餐廳是不歡迎幼兒的，有許多餐廳的設計則是完全不適合帶小孩去消費，難怪媽媽們老是聚集在同樣的幾個地點、幾家店。」

「但我發現東京的公園與綠地意外地超多，在路上晃一晃就可以遇到小公園。小公園基本上都會有鞦韆、溜滑梯以及沙坑，讓小朋友可以跑上跑下、盡情地玩樂。」

「百貨公司頂樓大多都會有屋上庭園，那邊一樣會有假草皮還有簡單遊樂設施，是個可以在擁擠市中心偷閒享受太陽光和微風的好地方。」

「BABY ROOM真的非常貼心，裡面有八十度的熱水給水器，有些還設置微波爐，這樣出門要泡牛奶或是餵食都不用擔心。」

「原來東京的半露天開放式咖啡店好多，怎麼以前我都沒有發現？」

「電動腳踏車這麼省力啊?!這樣我就可以載著小孩，在坡道很多的東京不費力地移動哩！唯一不方便的地方是，不好找腳踏車停車位，被拖吊要罰款，還要到市郊去把車騎回家呢！」有了小孩後，電動腳踏車變成我的得力好助手。豆豆老是坐在前座興奮地嘰哩呱啦的，好像這個城市超級有趣，充滿了重大發現一樣。

跟著豆豆變成七十五公分的我，發現了好多我不曾看見的東京。不只有事物，我還遇見了許多不一樣的人。

變小之後，東京的人會變得溫柔，這也是我的新發現。

好幾次我在電梯、公車或是電車上遇上了神情嚴肅的人，都會讓我繃緊神經，好怕豆豆一尖叫會惹惱他們。但後來我才發現，這些人也許只是表情嚴肅，但其實身體裡面住著溫柔可愛的靈魂。

有次我在公車上與一直想要按下車鈴的豆豆纏鬥，弄得全身大汗，還不小心撞到前座的歐吉桑好幾次。我說了好幾次抱歉，歐吉桑都只是微微地點點頭。直到他準備要下車時，突然回頭對豆豆說：

「小朋友！歐吉桑的家到了喔！這次的下車鈴給你按，可以按到你開心為止喔！」

還有一次豆豆在車上哭，也有歐吉桑特別跑過來秀出他的手機螢幕說：「怎麼樣？我的孫女可愛吧！是不是你喜歡的類型？要不要我介紹你們認識一下？」

還有好幾次，豆豆在公車上或是電車上大哭的時候，有老奶奶會想辦法逗豆豆笑。也有媽媽會請她的小孩來送小玩具、小零食給豆豆，我們還在電車上收過一個上班族媽媽送的一組巧虎玩具。

有了小孩後，可以很自然地與鄰居交談起來，可以更自然地噓寒問暖、圍繞著小孩話題聊個幾句。

豆豆去上學後，保育園的老師也變成我非常重要的心靈支柱。我其實一直擔心因為自己是外國人，日文不是我的母語，在育兒上會遇上許多障礙。但我現在去的保育園的老師總是給我最大的幫助和包容，讓我充滿無限感激。

這些人，若不是因為豆豆也許永遠不會與我搭話，或不會跟我有任何交集。但一個七十五公分的小傢伙，則是很輕易地就能打破許多我在東京始終跨越不了的牆。

時常會有人問我，在東京育兒是不是會遇上許多不方便與棘手的事？確實不方便的事情很多，但我漸漸地發現其實開心的部分也不少。跟著豆豆一起變成七十五公分後，我的視野一下子寬闊了，不僅更能深切體會別人的不便，也發現了在塞滿人的電車以及冷漠的表情外，東京其實還有著更有趣、更溫暖……或者更多我還沒發現的更可愛之處。

喝了變小藥水後，東京變成了一座截然不同的城市。它讓我找回了童心，一切事物在我眼裡突然就變得可愛了。

◦ＡＩ與老派並存◦

前幾天讀《日經ＭＪ新聞報》時，讀到了一則非常有意思的報導。在大阪有一家大阪燒店，因為店長婆婆非常熱心幫未婚的客人牽線，造就了好幾十對佳偶步入結婚禮堂。婆婆的店因此在當地聲名大噪，好多人特地來這邊吃大阪燒，就是為了要讓婆婆當自己的愛情邱比特。

「婆婆只幫她覺得性格好的人牽線，要是有惡習或是酒品不好的人，她一開始就會很明白地拒絕對方了！」

「比起婚姻介紹所，我覺得婆婆值得信任多了。她會幫自己直覺相配的人牽紅線，而事實證明她看人很準，我就是託她的福才娶到我太太呢！」

因為紅娘婆婆好評不斷，所以大阪燒的業績蒸蒸日上，現在這間店已經成為大阪的「結緣聖地」，也會定期舉辦讓單身男女相識的餐會。有不少年輕男女特地遠道而來拜訪婆婆的店，他們認為在這樣自然的氛圍下認識，加上有婆婆的明眼認證，比起在交友網站，或是在《相席屋》（女生顧客免費的連鎖居酒屋）盲目地認識陌生人要安心得多。

當時我是在美髮院讀這則報導的，一邊剪頭髮一邊忍不住想：「天哪！太老派了！最後科技還是贏不了人性，交友軟體最後還是敗給老派紅娘呀！」

美髮師聽了我陳述這家紅娘大阪燒店的事蹟，忍不住也跟著笑了。

「我覺得老派紅娘是一個做法，但其實現在的婚姻介紹所也已經開始運用更多高科技囉！例如以前的婚姻介紹所會依照委託人理想對象的年收入、學歷、居住地、外型、工作型態產業來配對，但現在會更深入地分析每個委託人的性格與興趣還有生活型態，然後再使用電腦精密配對。據說這樣的配對更加精準、更不容易失敗，就好像把兩個人類的基因抽絲剝繭地拿出來配對。不知道婆婆的直覺，還是配對人工智慧軟體，哪一個更精準呢？」

在昭和餐館慢條斯理用餐，或十秒可以快速喝完的飯糰

ＡＩ與老派同時發展的不只有人與人之間的交流，人們的用餐方式也越來越耐人尋味。日本的便利商店裡有越來越多的瓶瓶罐罐，在充滿未來感的包裝上寫著「十秒急速補充一整天需要的營養」或是「讓極度疲憊的你立刻充滿元

氣！」忙碌的人們急急忙忙推門進來，用五秒的時間選好商品拿去結帳，接著再用十秒的時間喝完它，扔進垃圾桶離開。便利商店變成一個快速充電站，你拿起自己的ＵＳＢ往充電座一插，什麼都不用想，也不需要花時間吃飯休息，就可以維持機器繼續運轉。

但天天都喝單一口味的營養補充果凍飲也是會膩的，所以業者紛紛推出了「用喝的飯糰」、「可以喝的義大利麵」、「擬真味覺糖」，這些食物可以為人體快速補充熱量和蛋白質等營養素，同時也能滿足人們的味蕾。近年來在日本快速竄紅的珍珠奶茶據說因為剛好搭上這樣的風潮，而深受人們喜歡。「可以喝到飲料，又可以吃到口感Ｑ彈的甜點，重點是還可以邊走邊喝；可以一邊吃甜點一邊逛街，不需要花上雙倍的時間。」廣告訴求這樣寫著。

但就在我以為這個城市的人們再也不需要也不想要花時間和心力外食，就算餓了也只要花個十秒補充營養和滿足口慾時，其實高架橋下的小餐館們正熱鬧地運作著。

就在迎來了令和新年號，送走了平成年代後，人們對於那個再也回不去的一切突然懷念了起來。高架橋下的小餐館、小居酒屋，曾經是平成年代的爸爸們下班回家前會去小酌充電，和朋友聊聊舒壓的地方。在高架橋下的餐飲店

ピエス・マキ
Mr.Children
DVD

不僅空間狹小，電車會從商店的天花板上呼嘯而過，非常吵雜，在過去總給人一種陰暗吵雜、非不得已不會特別想在這裡用餐的印象。但近幾年東京高架橋下的空間突然時髦了起來，中目黑高架橋下、神田萬世橋、秋葉原的2k540、下北沢CAGE等地變成了時髦年輕人喜愛聚集的場所。這些高架橋下融合了時髦現代的服飾店、餐飲店，不定期會舉辦有趣的活動，但同時也保留了飄著懷舊感的關東煮店、職人手作店。同樣不變的是電車從上頭經過會發出的轟隆隆巨響，還有人們腳底下酥酥麻麻的、彷彿來自城市底端的震動。那些曾經是再理所當然不過的「生活感」，如今對現代人來說，反而有種超現實的感覺。

AI與老派並存

剛來東京時，我就覺得這裡真是一個新舊交融的城市。混雜著銀座和新宿的繁華區域、巢鴨的復古商店街，還有神保町滿街二手書店的地方。但近幾年來發現它擁有了更多面貌，變成了一個更具有張力的地方。人們可以一天之內穿梭在東京的新舊區域，也可以隨心所欲客製化自己生活中AI與老派的百分比。地鐵卡好像是一張時空旅行通行證，跳上時空機，就像果汁機一樣轟隆隆地把新的、舊的全部都打在一起了。你可以買完一杯珍珠奶茶後再到二手書

。泡沫女神白蘭琪。

一直到最後一刻，白蘭琪都還在購物。

「我想要的東西太多太多了，每天都閒不下來。我訂了一頂會讓自己看起來年輕二十歲的假髮，妳知道頭髮的光澤度真的會決定一個人的視覺年齡。至於那頂假髮為什麼品質可以那麼好呢？因為那可是用二十幾歲女孩的真髮去做的假髮啊！」

「我還買了一件深藍色的洋裝準備要來配我的愛馬仕包包喔！」

「Panasonic的美容導入儀也下訂囉！正在等貨送來！」

「可以每天看著東京鐵塔點燈入睡，真的好幸福呢！這大概是所有人的夢想吧！」

白蘭琪逕自說著，接著又翻開新買的雜誌開始喃喃自語起來。她一直都有控制不了的購物癖，買東西買到讓身邊的人都擔心害怕的程度。

光是聽著白蘭琪愉快地分享著她的購物清單，大概會覺得她擁有強大的經濟實力。然而事實上白蘭琪在好久以前就已經刷爆了信用卡，新買的愛馬仕包包是用利息超高的現金借貸買的。而這間看得到東京鐵塔的病房，也是身邊的人東湊西湊才有辦法送她進去的。

「其實，她大概只剩下一個月左右的時間了。」

沒人敢把醫生的話告訴她，也沒有人有辦法阻止她繼續在網路上下單。

「她走了之後，可以用保險金來付清這些帳單的。」

後來白蘭琪的網路購物產品還來不及收到，就失去了呼吸。身邊的人什麼都沒說，情緒很複雜，夾雜著悲傷又有點鬆一口氣的矛盾。

「因為再也回不到她最愛的泡沫世代了，她再也沒有辦法把東京生活活得像在好萊塢。那個時代確實大家過得很富裕，但早就回不去了。每次看到她想盡辦法就是為了要得到一個名牌包的樣子，就覺得何必呢？那也許是一場好夢，但所有的人都得醒來。」

那個時代是日本的泡沫經濟世代（一九八六～一九九一）。在那個世代活躍的人指的是一九六〇年代後半出生，剛好在一九八〇年代後半到一九九〇出頭進入職場的男男女女。只要上網查詢「日本泡沫經濟世代」，就會出現一大群上班族揮舞著萬圓日鈔攔下計程車的畫面。因為經濟正好，而擁有機會進入

職場的女性，被視為是日本第一批可以像男人一樣進入職場、經濟獨立的幸運兒。「泡沫世代姊姊」們非常有自信、充滿幹勁，若是嫁給年收入高的男人就等於是人生勝利組了。

白蘭琪就是這樣，很順利地就找到了工作。因為是個美女，也順利地嫁給了在大企業上班的高年收丈夫。一切都很美好、很順利，白蘭琪時常開著昂貴的名車在澀谷、代官山以及六本木一帶穿梭，以一種女明星般的姿態在這個城市高調地移動著。

「我根本就不需要帶VIP卡，因為我的臉就是VIP臉。」她總是一邊帥氣地轉著方向盤，一邊滿足地說出這句經典台詞。

然而泡沫世代結束，白蘭琪的血液依然是沸騰的。東西要買最貴的、餐廳要去最高級的；不只有白蘭琪這樣而已，很多經歷過那個年代的人，也都還帶著獨特的價值觀活著，彷彿是來自不同次元或是時空的人。

時常在東京路上，會看到雙腿纖細的女子穿著不合年代的迷你裙和高跟皮靴，可以看得出她全身用的都是好東西，長長又水亮的直髮顯然是勤上美髮院悉心呵護的成果。然而還是可以從她臉上讀出一點風霜，不過若是時光倒轉到那個美好年代，肯定是個美女。

偶爾也會遇到西裝筆挺的中年男子，自豪於那個年代的自己多麼地有朝氣。

「現在的年輕人就是太沒有志氣了！當年我們哪個人不是以年薪千萬為最低基準，給家人最好的禮物就是全家海外旅行，結婚週年紀念日一定要送名牌包還有珠寶！」

所有的人在會議桌上靜靜聽著，像是在聽一個家道中落的富家子弟敘述著過往的美好。等會議結束，才聽到大家小小聲地說：「典型的泡沫世代歐吉桑！」

白蘭琪總是會讓我想起小說《慾望街車》。

即使失去了美夢莊園，再也不年輕，白蘭琪依然要活得像過去一樣地漂亮精采，就算是費盡力氣，也要用力撐起她最自豪的上流社會氛圍。

日本的泡沫世代創造出了一群奇特的人們，不管在經濟多麼蕭條的時候，他們臉上、身上總會包圍著神秘的自信光暈。看著他們伸手招計程車熟練的模樣，選餐廳時的講究，就能一眼認出，他們就是從那個美好年代穿越時空而來的人們。

即使後來要面對的現實生活，是多麼地令人乏力。

後來人們談論起白蘭琪，有人說她就是因為參加了那場不切實際的奢華宴會，搞到身心都病了。有人說即使後來過得有點吃力，但她至少精采過。至於白蘭琪覺得自己幸不幸福，只有她自己本人才知道答案了。

「在泡沫年代，她曾經是大家心目中的女神，過著一種現代版童話故事的生活，衣食無虞，幸福美滿，可是如今再也沒有那樣的天時地利人和可以打造出白蘭琪了！」

有好一陣子，我都沒再想起白蘭琪，直到某天在公園聽到了一段媽媽們的對話。

「女孩子就是要把她送進去高級私立女子學校呀！讓她將來好有機會嫁到上流社會的人家家裡。」

「事情沒有妳想的那麼簡單的，那妳準備穿什麼衣服參加媽媽們的聚會？難不成每次都要去租高級品牌的包包和鞋子？那可也是一筆開銷！」

「啊！當年就是我的母親不夠努力，我現在才活得這麼吃力。生了女兒想讓她好過一點，卻還是這樣的無能為力呀！」

大家的心裡面似乎都有著什麼樣的遺憾，那個遺憾就像是一個大洞，得用什麼來填滿。我想白蘭琪的心裡也有個洞，在泡沫時期時短暫地被填滿了，

bulle
savon
12:00
20:00

之後就再也離不開了。沒人知道她的高級包包裡，裝滿了剛在深夜無人提款機借貸了的高額現金。只有在戴上墨鏡用戴著鑽錶的手握住方向盤的瞬間，她可以徹底地忘記現實是如何地絆腳。

東京生活也許可以活得像是好萊塢，但得要先擠破頭得到登台的機會。泡沫經濟那一幕很精采使人很難忘，但終究它已經成了平行宇宙，人們再也回不去。

不知道如果白蘭琪可以再活一次，如果她有機會從物質至上的價值觀中逃走的話，不知道她會怎麼選擇呢？

。草食男的未來。

「請問，你為什麼會覺得自己是草食男呢？」

坐在小房間的斯文男子聲音壓得低低地，小小聲地說：「其實我從來就沒有自認為是草食男，但時常被身邊的人說是草食男。」

「那可以稍微敘述一下自己的生活型態，並且說說自己在戀愛方面的想法嗎？」

「我的生活就很一般啊！做著一般的工作，對於升遷高薪沒有太多渴望。工作以外的生活可能稍微有趣一點，假日我偶爾會嘗試做新的甜點，也會到雜貨店挑選自己喜歡的香味的精油和保養品。我有很多的女生朋友，每次想到若和她們變成男女朋友的關係，就會覺得有點害怕……老實說我覺得有點麻煩，而且我也不想被拒絕，或是在關係中受到傷害。與其那樣，我寧可和所有女生朋友都保持著友好而安全的關係。」

「那朋友時常會怎麼形容你呢？」

「大部分的人會說我很溫柔啊！明明是男生，女子力卻很高；但也會有長輩說我的個性不夠積極，做事速度很慢、不夠有效率，從來不會主動去挑戰新的事物。」他說著說著表情看起來有些委屈。

「所以對於被歸類為草食男，你自己有什麼樣的感覺呢？」

「我也不知道該高興還是難過，我自己也不知道到底是好事還是壞事。」

草食男在日本早就不是新名詞了，但卻有不少人不停地想要探究草食男是什麼時代背景下的產物，以及他們在每個時代中的定位。

「草食男」一詞於二〇〇六年登場，出自女性主義專欄作家深澤真紀筆下。接著二〇〇八年日本女性流行雜誌《non-no》推出「草食男特輯」，從那時候開始，「草食男」瞬間變成一個新的流行用語而爆紅。

不過日本社會對於草食男的定義非常曖昧，男性與女性對於草食男的觀感更是截然不同，而每個年代的社會觀察家其實也都會賦予他們心中草食男全新的解說。

這陣子枝豆帶著一群來自歐洲的表演藝術家在日本找尋草食男，我則是時常在晚餐聽著他發表每日的新發現。

大好きな街

「今天去採訪創造『草食男』一詞的深澤小姐，才知道她一開始對於草食男的定義，跟現在大家以為的草食男出入滿大的耶！」

「那她當初對於草食男的定義是什麼？」我問。

「現在大家都以為草食男就是肉食男的對比，是比較缺乏男子氣概，對於性較無感的一群人。但是深澤小姐說，她心中的草食男其實是像道行很高的高僧一樣，對人很寬容、很溫柔、很自律，品行值得讚賞尊敬的男子。簡單來說就是和那種很自以為是、喝完酒就會發酒瘋、對於女性很歧視的大男人歐吉桑完全相反的類型。畢竟深澤小姐是個女性主義者嘛！成長在大男人滿街都是的年代，所以我猜想，草食男就是她心目中最憧憬、最值得尊敬與信賴的男性類型吧！」枝豆說。

「我以為草食男就是星野源在《月薪嬌妻》裡面的形象耶！就是人超好，自己生活也打理得很好，但是對於戀愛很無感的那種男生。他好像演完那部日劇就突然爆紅，是不是在那齣劇裡面的形象，正好符合現在日本年輕女生找尋另一半的標準呢？」我問。

「日本第一代最知名的草食男就是草彅剛，他真的就是給人只吃素不吃肉，對女生沒興趣的形象。不過在那時候大家對於草食男的印象比較負面，簡單來說就是有點難搞，對於對方要求很多，所以無法順利結婚的男人。等到星野源這一代時，大家對於草食男的印象已經好很多了，是一種溫柔可信賴、非常適合婚姻關係的物種。所以最近真的很多女生嚷嚷著說草食男其實是還不錯的結婚對象。」枝豆一邊翻著大量的草食男調查資料，一邊推著眼鏡說。

「好想知道草食男是來自怎樣的社會時代背景喔！」我問枝豆。

「這就是這次歐洲藝術家們特地跑來日本，一待就是好幾個月的理由啊！一開始我們也曾經有過這樣的假設，就是草食男其實是生長於爸爸老是不在家的偽單親家庭中。因為爸爸總是不在家，缺乏可以效仿的男性對象，所以興趣、想法和價值觀都和媽媽比較相近。加上可以感受到媽媽的辛苦，對於女生也會比較溫柔，了解女生的想法。

「但我們調查著之後卻發現一件很弔詭的事喔！說真的，草食男根本就不存在也說不定喔！更正確地說，草食男只是一張標籤，讓大家隨意往自己身邊的男性貼上而已！

「例如在日本泡沫經濟前，曾經叱吒風雲、年收很高的歐吉桑們，就會很喜歡往現在二、三十歲的年輕男生身上貼標籤啊！說他們不夠積極、抗壓性低、不夠有男子氣概，然後就任意往他們身上貼上草食男的標籤，但說穿了也只是現在的日本經濟狀況與三十年前不同，加上現在的年輕男生被教育得要尊重女生而已。

「女生們其實也會往對於婚姻不嚮往、對戀愛不夠積極的男生貼上草食男標籤。但真正讓年輕男生害怕結婚的原因有很多，他們害怕自己的收入無法支撐起一個家庭就是很大的理由。根據許多調查，即使在已婚女性就職率高達百分之七十二的現在，日本女性還是期待先生是家中的經濟大黑柱。即使是高收入的女性，也會期待先生的收入高過自己，所以對於現在收入不高的年輕男生來說，結婚與戀愛的門檻是很難跨越的。」

「所以，草食男其實來自於對於現代男生過度期待而產生的幻覺吧！」

我突然想起星野源在《月薪嬌妻》裡面的那個角色設定，他既高薪又不花心、工作上很盡責、很尊重女生又愛乾淨，只是比較害羞、對戀愛比較苦手而已。此劇一出，許多未婚女性都對人生又再度充滿希望，覺得未婚的優質草食男們其實就像是藏在地表下的松露，需要自己努力去挖掘、主動出擊而已。

「所以大家都在找草食男啊！只是如此優質的草食男們究竟在哪裡呢？」枝豆笑道。

聽完了枝豆的「尋找草食男報告」，我心裡面還是偷偷對有著草食男的

日本未來有些期待的。也許在三十年後，搭上電車時不會再被失禮的歐吉桑指責不該推嬰兒車上電車造成大家的困擾，也不會被無禮地推擠和衝撞。不會再有那種愛喝酒又要逼著大家一起陪喝的霸道主管，也不用再天天看著電視新聞中「某某機構又爆出性騷擾的申訴」新聞而興嘆。年收少一點沒關係，如果願意和太太一起分攤育兒工作的話，女性也可以思考增加收入的辦法吧！

期待將來的日本社會，能飄散著可愛草食動物區的和平空氣！

。湯豆腐美女。

「湯豆腐的做法很簡單，但卻是很美味、很基本的一道日本家庭料理喔！只要準備絹豆腐、昆布湯底、柴魚片還有蔥末，就能完成這道讓人怎麼也吃不膩的料理囉！」晨間的三分鐘料理節目正在介紹湯豆腐的料理方法。

「這樣也能稱為一道菜嗎？不過就是熱豆腐淋上醬油的感覺嘛！講得一副煞有其事的樣子。」我拿起遙控器關掉電視。

當年剛到日本的我，並不了解湯豆腐使人著迷之處。然而當時的我因為想快速學習日文會話，因此看了大量的日本電視劇，其中由蒼井優主演的《料理仙姬》一劇讓我相當著迷。除了劇中提到的日本料理小知識（例如怎樣才能煮出很美味的味噌湯）、很具有戲劇張力的故事設定外（看似傻乎乎少根筋，但卻意外地很有智慧的女主角），最讓我目不轉睛的還是那位飄著仙氣，即使脂粉未施、穿著淡雅粉藕色和服，也能一個眼神、一個微笑就讓人醉倒的料亭女將半田仙。

「怎麼會有這樣迷人的女生啊！不需要畫眼線就能擁有清澈堅定的眼神，一頭黑髮不燙也不染，只是紮起來就很乾淨好看。」我心想蒼井優就是完全不適合出現在美妝雜誌上的人物吧！因為她不需要顏色強烈的眼影，不必特別勾勒眼線，也不需要用可以增加氣色的染髮來提升透明感，就已經是最完美的狀態。

「一定是她天生長得精緻好看，一般人才不可能免除這些變美的步驟呢！」我心想。

半田仙（蒼井優在劇中角色的名字）的魅力在我心中縈繞了許久，但我一直認為現實生活中不太可能會遇見那樣帶著仙氣的女生。直到有天因為工作的關係，有機會拜訪東京鐵塔腳邊的「東京芝豆腐うかい」。當天整晚負責招待我們的女將，讓我想起了半田仙。

在東京遇見半田仙

「東京芝豆腐うかい」是東京一間非常知名的豆腐專門料亭，除了可以將東京鐵塔盡收眼底外，日式庭園的造景也非常典雅和講究。店內以各類豆腐聞名，湯豆腐、炸豆腐、湯葉豆腐到田樂豆腐等各種豆腐料理都可以一次品嚐到，而且店內的師傅們都是已經製作豆腐超過二十年的豆腐神手。另外製作豆腐的材料和水也極度講究，用的是北海道的豆子以及八王子純淨的水。可以說想要在東京來一場夢幻豆腐饗宴的話，「東京芝豆腐うかい」絕對是第一首選。

雖然已經是好幾年前的事，但是當晚的記憶卻歷歷在目。我們被安排在一間可以清楚看見東京鐵塔的和室房間內，當天是我第一次吃到湯葉豆腐佐芥末，也是第一次知道有味噌田樂豆腐這種吃法。湯豆腐搭配上昆布乾或者茗荷，本身的豆香和甜味就會被完全引出來，而且和美味豆腐搭配的醬油也要非常講究才行。炸豆腐搭配蔥絲簡直太美味，酥脆的外皮包著Q彈的內餡，加上清爽的蔥絲就能打造出多層次的口感。

而我為什麼會這麼清楚地記住這些有關豆腐料理的知識，是因為當天負責招待我們的女將，在每道菜被送上桌時，都用很簡單的日語加上很慢的速度，非常有耐心地為我們介紹每一道料理。

當天因為是陪著重要的客人一起去用餐，所以我的神經是非常緊繃的。即使每道菜看起來都非常可口，使用的餐盤都像藝術品，讓人彷彿身處《料理仙姬》的場景中，我卻因為太緊張，每道菜只能吃個一、兩口就放下筷子。當

とうふ屋うかい

時負責招待我們的女將大概發現這一點，所以每次上來送菜時，她就會花較多的時間招待客人們，然後微笑著跟我說：「這麼美味的豆腐料理，留下就可惜了。」

她的微笑像是風鈴一樣「叮」的一聲解開我緊繃的神經，而且每次送菜上來，她總能很自然地與大家談笑風生，讓用餐氣氛變得非常愉快與熱絡。

晚餐完畢時，女將已經將大家的鞋子都鞋頭對外擺在房間門外。我先讓客人們走在前面，而當天因為下了一點小雨，我又剛好沒帶傘，女將就踩著穿了白色足袋以及木屐的小碎步，到我身旁撐起了傘。

「今晚妳好忙啊，有沒有好好享受到料理呢？」她問。

「有啊，託您的福！真是太美好的晚餐了。」我說。

直到至今回想起來，我都還是覺得是因為那名溫柔貼心的女將，串起了當晚所有的美好。我還記得當天她穿著淡藕色的和服，用從容優雅的態度領著我們穿過日式庭園，也記得她的笑容如此讓人安心。

「我在東京遇見了半田仙！」踏出東京芝豆腐うかい的大門後，我忍不住回頭了至少十次。女將還在閃閃發亮的東京鐵塔下微笑揮著手，那是一頓太美好、讓我永遠也無法忘懷的晚餐。

平淡卻深刻的魅力

若要仔細回想，我其實想不太起女將的長相。印象中的她沒上什麼妝，但是我卻深刻地記得她的眼神和微笑。

「其實越淡的妝，越能展現個人魅力喔！」我體悟到。

來到東京後，我不停地在電視節目或是雜誌中聽到大家談論著「減法的美學」。主張「減法派」的人會拿下假睫毛、保持原有的自然髮色，底妝也盡量上得薄透。其實一開始我完全無法理解減法派的主張。

「少了眼線還有濃濃的睫毛，眼睛就會變得很無神啊！而且自然的髮色感覺好無趣，若是不上一點顏色比較搶眼的唇膏的話，看起來就好像生病了……」

但就在漸漸感受到湯豆腐的美味後，我才理解原來減法的背後需要的是更多底蘊的支撐。越是簡單的料理，就越考驗著食材的優劣；簡單的妝容和打扮，考驗的不僅是肌膚與頭髮的光澤，其實是堅定擁有智慧的眼神、溫柔的笑容，還有自信從容的態度。

「這種女生，就是湯豆腐美女吧！」我自己偷偷幫這種不靠多餘的裝飾就能展現個人獨特魅力、讓人如沐春風的迷人女生取了這個名字。

越簡單的美好越迂迴

有陣子我迷上在咖啡店坐一下午，欣賞著東京的人來人往。偶爾會有湯豆腐美女經過窗前，她們只上淡淡的妝、穿著設計簡單的衣服，但是卻非常地迷人。若把她們的五官拆開來分析，好像也不是特別漂亮，而且不是特別年輕，但是給人的整體感覺就是非常乾淨舒服，只見一眼卻很難忘懷。

倘若極其美味的湯豆腐是由極品豆子和純淨泉水打造出來的話，湯豆腐美女則大概是被堅定的生活態度，以及蘊藏的人生智慧所「養」出來的吧？

後來，我去查了「東京芝豆腐うかい」的店名中「うかい」的中文，原來它是「迂迴」的意思，看似簡單的東西，也許背後是經過了百轉千迴，才修煉成如今的模樣。

當年被我誤以為很普通、甚至勉為其難稱為一道料理的湯豆腐，若要真正達到令人難忘的美味程度，需要仰賴講究的黃豆、純淨無雜質的水質，以及老師傅的手藝。在被放進美麗的盤子端上桌前的過程，其實是很迂迴的。

在日劇《料理仙姬》中，半田仙曾經把「Slow Food」（指慢條斯理精心

。虛擬女友。

「無論如何，我還是寧可要大腦不要心，因為就算傻瓜有了心，也不知道該拿心怎麼辦。」

「我想要有心，因為大腦不會讓人快樂，而快樂是全世界最棒的事。」

前陣子開賣「虛擬女友」的新聞在日本各大媒體討論得沸沸揚揚的，有年輕上班族秀出了自己與虛擬女友的結婚證書，慶幸自己終於脫單。而老一輩的日本歐吉桑們則是完全無法理解日本年輕人究竟在想些什麼，居然要從現實社會逃回二次元世界。有一群比較客觀的人，則是覺得應該接受任何戀愛與家庭形式，不管對方是同性或是機器人，都應該給予最大的尊重。

看著新聞片段，我的腦袋也混亂了起來，突然想起好久以前流行過的電子雞，接著又想起《綠野仙蹤》裡稻草人與機器人的那段，關於大腦與心的對話。

虛擬女友住在一個小小的瓶子裡面，像是精靈一樣。出門前會提醒你今天可能會下雨得帶傘，還會隨時傳line訊息對你噓寒問暖；在你快到家時，她會貼心地先幫你打開冷氣、電燈，讓你知道家裡面有她在等著。

她從來就不會生氣、不會因為生理期來有情緒起伏、不會抱怨家用不夠、不會嫉妒、不會報復，更不會因為遇見更喜歡的人就背叛你。

她長相甜美可愛，讓人想要帶著她到處旅行，幫她過生日，像是公主一般地寵愛，就跟《空氣人形》電影裡面的小望一樣。

就跟還沒有「心」以前的小望是一樣的。

在東京，常會覺得心真的不如腦好用；或者說，有心真是一件麻煩事。光是帶著心上電車、公車就很麻煩，你會看到一群人搶著坐優先席，即使看見老人、孕婦、帶著小孩的媽媽，也不會有人讓座。或者你會在月台上看到坐輪椅的人，即使已經等到電車，車廂內也沒有人願意騰出空間，讓他上車。

這時候腦袋會告訴你：「沒辦法呀！這城市就是這樣，大家都很累，沒有誰可以優先。而且東京不就是這樣，不喜歡也沒辦法呀！」

但你的心就會開始抗議：「這些人怎麼那麼沒有同理心呀！難道他們都不會老？都無法體會弱者的感受？」

帶著心與人來往，也是一件麻煩事。

你以為只要帶著陽光般的燦笑，充滿元氣地跟人說「你好」，就一定可以得到友善的回應，相信只要正能量夠強，就會擁有吸引好人好事的能力。但事實證明，在東京想要做個樂觀開朗的好人很不容易，就像到了義大利、西班牙，還堅信錢包塞在牛仔褲後面口袋，依然可以不失蹤一樣。

東京時常讓人呈現人格分裂狀態，沒有腦袋但是快樂的笨蛋，很可能過陣子又會突然變成想很多的憂鬱症患者。

「所以在東京，想要不受傷地好好活著，真的得先把心給丟掉呢！」我說。

「倒也不是，也許到最後，你會發現還可以完整保留自己的心，是一件很幸福、很踏實的事，就跟那隻活了一百萬次的貓一樣。」枝豆回。

現實與愛情本來就不完美

上週我們因為要幫逝世一週年的公公舉辦一週年忌日，再次來到寺廟。寺廟的住持是個長相和善、非常親切的人。

「妳的公公真的是個非常幸福的人，時常有人來掃墓探望他，相信他生前一定是個對別人充滿愛的人吧！」住持笑著說。

「對呀！我公公大概是我在東京遇見最溫暖的一個人。」

「這真的是件很不得了的事。偷偷告訴妳，其實我原本是個房地產業務

I
YoU

呢！後來在生活中再也找不到熱情，就轉職來當寺廟的住持了！也許跟死人打交道還比跟活人交往舒心許多。」他說得雲淡風輕的，但可以想像內心經歷了多少轉折。

在東京這個城市，比起真實世界的相遇，有些人更憧憬2D世界裡不會受傷的虛擬關係。

比起費盡心機與活人周旋，沒有溫度的死人或是機器人真的讓人放鬆多了。

打造虛擬女友的Gatebox創辦人說：「我們創造的，是一個完美妻子的樣本。單身或是在現實生活人際關係受挫的人，都可以透過科技來獲得滿足。」

我也曾經試想過，若我擁有一個住在瓶子裡完美無缺的虛擬朋友，在東京這個城市，是不是就不會時常感覺孤單？是不是就不用再對別人抱持期待？也不會再受傷了？

虛擬女友的背後藏著許多經濟、社會的不可抗力因素，還有許多寂寞的人對於愛情的渴望。但我想真正的愛情不會住在小瓶子裡，唯有不計風險、不求回報地付出自己的心，才能真正體會愛情中的美好與現實、溫暖與殘酷。

雖然傻瓜有了心，可能會不知道該拿它怎麼辦。但是我還是想要選擇相信，帶著心在不完美的東京生活，雖然有可能要冒著讓心變得殘破不堪的風險，但所有的喜怒哀樂都不是虛擬的，而是會真實地刻劃在心上。

願寂寞的人們，終有一天都至少遇見一次瓶子外的、非虛擬的愛情。

山里亮太的幽默感

前一陣子的日本電視節目，完全被日本搞笑藝人山里亮太和女星蒼井優結婚的新聞給占滿了。不管轉到哪一台，或是車站邊的書報攤，都可見「令和最大新聞！日本代表女星蒼井優閃嫁吉本興業最醜搞笑藝人」的斗大新聞標題。

大家對於這對不可思議的組合跌破眼鏡，紛紛提出疑問：「為什麼蒼井優願意嫁給那麼醜的男人呢？不會害怕自己將來生出很醜的小孩嗎？」、「顏值相差那麼多，不怕蒼井優結婚沒多久就開始外遇嗎？」、「山里亮太的收入很高嗎？不然蒼井優怎麼可能願意嫁給他？」接著網路上又是一陣對於山里亮太的身高、學歷、收入的地毯式調查。我先是對這則結婚消息感到驚訝，接著對於這些充滿惡意的發言感到訝異，驚覺日本大眾的「結婚對象標準」其實還停留在不可打破的三高標準（高學歷、高收入、高身高），及外表與收入的匹配條件上。

或許因為山里亮太是搞笑藝人的關係，大家對他的攻擊和取笑完全不留

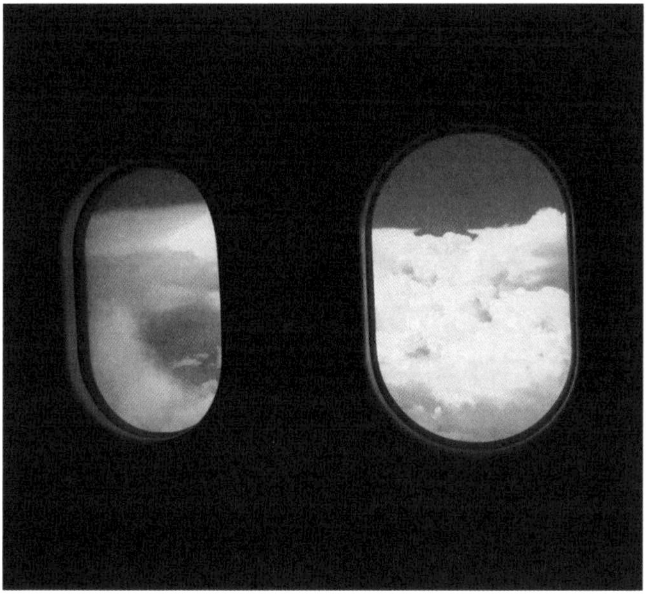

情面。但我卻從這些新聞中看見了山里亮太的高ＥＱ和幽默感，也對於日本人複雜的人際關係處理有了全新的想法。

閃電結婚新聞發表的當晚，山里亮太和蒼井優就在飯店舉行了記者會，回答三百多家媒體的提問。由西裝筆挺的山里亮太主要負責回答大家的發問，而蒼井優則是和平時我行我素的樣子很不一樣，穿著黑白色的簡單服飾，以一個戀愛中小女人的嬌羞模樣登場。

面對大家對於外表的砲轟，山里亮太的回答是：「對於我這張臉，我真的很抱歉！」其實他一點也不需要道歉，但一句話反而封住大家的嘴。

「其實他只是為了工作而戴了一副有點好笑的紅色眼鏡，平常戴一般的眼鏡的時候其實很帥的！」新婚妻子蒼井優也為他辯護。

「像蒼井優這樣的魔性女，請問你有什麼自信可以控管住她呢？」蒼井優因為在日本的戀愛新聞不斷，相傳有許多男藝人為她花了大錢買房，最後卻都是以分手收場，所以被日本媒體封為「魔性女」。

「老實說我在蒼井優身上完全感受不到大家所說的魔性，我看到的只是一個很單純、很天真、吃到美食會覺得很興奮、感到開心就會開懷大笑、覺得感動就會流下眼淚的人。而我也非常非常希望，可以帶著大家跟我一起認識我所認識的，可愛又單純的蒼井優。」

面對媒體極盡惡毒的發問，山里亮太都能帶著幽默感無所畏懼地回答，讓人真心感到佩服。

山里亮太的魅力

蒼井優說她會答應和山里亮太交往，並且才交往兩個月就答應結婚的關鍵，是山里亮太的「勇氣」、「幽默感」、「對於工作的認真態度」以及「可以感動人的真誠」。這些大眾沒有看到的，藏在搞笑藝人外表下的魅力。

「喜歡我就很直接地表達出來，並且要求交往，而不是一味地擔心周遭的人對我們交往的想法。」

「而且只要跟他在一起，每次都會大笑到肚子痛。我想跟這樣讓我忘記煩惱的人共度一生。」

「他對於工作的認真態度讓我非常尊敬，待人處事也非常真誠。而且我們的金錢觀也非常相似，加上他又是個非常非常溫柔的人，所以我就答應了。」

蒼井優對著媒體細數著山里亮太的優點時，原本在底下嘻笑的媒體突然安靜了起來。雖然大眾都期待著蒼井優嫁給外表匹配的男星，但真正可以給她幸福的人，只有她自己心中才有答案。

據傳近年來人氣高漲的山里亮太，年收入可以高達日幣五千萬，然而他卻還是樸實地持續使用電車在東京移動，但又對身邊的人非常地大方。他會一次花日幣三百多萬送父母出國旅行，也會在搞笑藝人們時常拜訪的居酒屋放一筆錢，照顧那些剛出道、經濟上比較困頓的年輕藝人們。當身邊的人談到山里亮太時，可以感覺到人們是真心地喜歡他，並且打從心底敬佩他。

讓別人真心微笑的前提

山里亮太曾在一次訪談中提到對於婚姻的想法，他說：「我其實很害怕結婚，因為我很害怕幸福的背後其實藏著毀滅。而我覺得這樣的不安與猜忌，來自於我對於人的憎恨與不信任。但有一天我終於明白，這樣的我，尤其身為一個搞笑藝人的我，是沒有辦法讓別人真心開懷大笑的。」

如今的山里亮太，不管出現在任何節目都能機智地控制住氣氛。謙虛溫和的態度讓人感覺舒服，面對大家的冒犯，他也可以用智慧以及幽默感來回應。看著蒼井優在他身旁露出幸福微笑的樣子，我相信他的心中已經早就克服了自己的障礙。

「我一直這麼努力，所以我相信現在的幸福是神送給我的禮物！」

面對大家的「你憑什麼娶到蒼井優」的質疑，他笑著這麼回應了。

而山里亮太與蒼井優的結婚新聞，也讓一群覺得自己「不是人氣結婚對象」的單身男性們鼓動了起來。

「連山里亮太都結婚了，我們也有希望了！」

「就算不是大眾眼中的人生勝利組，我們也有擁有幸福的機會！」

相信山里亮太一定是打從心底相信人性以及充滿了愛，才能像現在這樣充滿能量與幽默感，並且使人開懷大笑。在這個潛規則超多、不管到哪都會被各種標準檢視的日本，原來還是可以用幽默感與真誠面對批判與歧視，自信地跨出自己的每一步。

山里亮太，真心祝你幸福。也感謝你給了我滿滿的正能量。

。狂野的蘋果小姐。

「快點快點！蘋果小姐要登場了！」枝豆在客廳大喊，一回頭見他早就準備好零食，睜大眼睛地坐在沙發上。

「大家好！我是蘋果小姐。今天要為大家帶來一首我很拿手的歌曲……」螢幕上的蘋果小姐有著甜美的笑容、雪白的肌膚、頂著精緻的妝容和柔順發光的長鬈髮。穿著可愛洋裝的她，就是那種「看起來乖巧又溫柔的完美女朋友」範本，一般日本男生會喜歡的類型。

只見她緩緩地舉起了麥克風，嬌媚地撥了一下頭髮，下一秒卻突然擺出了超粗獷男性歌手才會有的動作。

「啊啊啊啊～～！」低沉的嗓音和粗獷的動作配上超可愛的臉孔和打扮，讓現場的來賓都驚呆了，也讓沙發前的枝豆笑歪了。

「天哪！蘋果小姐真的太好笑了！我實在愛死蘋果小姐了！」

雖然我也覺得蘋果小姐的外表和歌聲的落差很大，但實在覺得沒有好笑到這種程度，就問枝豆到底覺得蘋果小姐哪裡好笑。

「就是一個超粗獷的歐吉桑住在一個甜美女孩的身體裡，簡直就是太荒謬了呀！」他說。

日本有許多搞笑節目裡會出現「只有日本人才懂的幽默」，或是對日本文化有一定程度的了解才能會心一笑的橋段。對我來說，搞笑藝人蘋果小姐（りんごちゃん）就是一個例子。

男女角色分明的社會

二〇一八年一整年，枝豆接待了來自世界各國的藝術家，協助他們在日本研究「性別」議題。

「為什麼不管是哪一國人，都想要來日本研究這個議題呀！」看枝豆翻著一堆日本社會性別討論的書籍，我忍不住想問。

「因為對於外國人來說，日本的男女角色實在太分明了，在現代社會來說簡直是太不可思議了呀！我也是因為這些藝術家們的提問，才發現日本性別議題真的很值得探討。」

「像是上次回台灣看到好多女性的保全人員，我就想說日本人看到肯定

Happy
Halloween!

覺得不可思議。保全人員在日本社會就是男性的工作吧！女生那麼柔弱，怎麼可能可以勝任那樣的工作呢？更不用說台灣總統是女性這件事了，若哪天日本總理是個女人，妳看看會不會社會大亂，一堆歐吉桑氣得跳腳！」

「經你這麼一說，來到日本前我對於性別沒有太多既定的想法，例如男生就一定要怎麼樣，女生一定要怎麼樣。但是到了日本卻會隨時意識到每個人的性別角色，例如拜訪公司時倒茶接待的絕對是女性，公司高層大多是男性，連女性時尚雜誌的總編輯都是男性。上次帶著豆豆去做健康檢查時，大部分孩子都是由媽媽帶著去，有一位爸爸居然因為被區役所的工作人員詢問：『為什麼是爸爸帶來檢查而不是媽媽呢？請問家裡面主要的經濟來源和家事育兒分配是怎麼樣的？』當時我覺得好不可思議，難道在日本人的家裡，一定要由爸爸負擔經濟，媽媽負責家事和育兒嗎？」

「對呀！男主外、女主內，男人賺錢養家，女人相夫教子，這就是日本人心中的『正常』吧！」

女人國裡的國王

枝豆的親戚中有一位死忠的寶塚劇團粉絲，不管寶塚劇團在哪邊有公演，這位粉絲絕對會千里迢迢地去捧場，而且一定要坐在第一排位置，讓她心目中的「王子」可以清楚地看見她的臉。

「不覺得她真的太帥了嗎？」有次談話時她遞了一本偶像的寫真集給我，照片中明顯是女人扮成的男人穿著筆挺的西裝，剪了非常俐落的短髮，看起來很像是《凡爾賽玫瑰》漫畫裡面的美型男。

「要勝任寶塚中的男役非常不容易呢！除了要天生身形非常高䠷，長相必須有點英氣外，還得要有男人一般渾厚的嗓音，只有這樣才能迷倒一票女生呢！」她眼睛充滿愛心地訴說著自己的偶像，好像在形容一隻羽毛斑斕的雄性鳥類，讚嘆著牠的男性荷爾蒙。

寶塚劇團在日本就像個自成一格的小小女人國，舞台上沒有男人，只有很像男人的女人。舞台下也全是女人，崇拜著舞台上那個比一般女人更接近男人一點的女人。只要曾經在寶塚劇團中擔任過「男役」角色的女星，不管到幾歲，人氣永遠都不會減退。

「為什麼不要喜歡一個長相好看、嗓音低沉的男生就好了呢？」我問。

只見她臉色一沉，說：「男人有什麼好喜歡的，滿街都是呢！我們喜歡的是這種很帥的女人，她的世界不需要男人，因為她可以和男人一樣擁有力量。」

我從這句話聽出了一點端倪，在她心中，女人和男人根本生活在不同的國度。她永遠無法變成男人，但至少可以憧憬一下女人國的國王。

男人無處去，女人沒時間

某天枝豆從圖書館帶了一本書回來，書名是《男人無處去，女人沒時間》（居場所ない男、時間がない女），我覺得書名很有意思，就拿來讀了一下。書中一針見血地指出了日本社會長期男女角色對立，導致家庭無法和諧運轉的現象。

其中一篇「男人退休後，就變成了家中的巨型垃圾」讓我印象深刻。不少日本主婦會在丈夫退休後患上大大小小的疾病，原因是覺得待在家中的丈夫讓人很有壓力，很多主婦因此罹患的疾病是十二指腸潰瘍和憂鬱症。

「壓力實在太大了呀！原本一個從來不會出現在家裡的人突然二十四小時都在，一雙眼睛直盯著我在做的每件事。我問他怎麼不出去找朋友？或是去做點自己有興趣的事？他就回我說：『我一輩子都在工作，哪來的朋友和興趣呢？』但我根本無法習慣家裡有他在的生活。他天天待在家裡面就好像一個丟

不掉的巨大垃圾，實在讓人難受！」書中一個主婦這樣陳述著，讓人不禁聯想到為什麼許多日本老夫老妻會選擇「熟年離婚」。

枝豆說日本曾有個非常受到主婦歡迎的電視廣告歌曲，歌詞是「丈夫只要健康活著就好，多多加班不要在家沒關係」。據說日本主婦們非常喜歡哼這首歌，因為它道出了大家真正的心聲。

日本社會很奇特，兩個人結了婚、同住在一個屋簷下，還是可能過著互動不多的生活。現代女性則是要一邊工作一邊處理家務和育兒，成為了「時間永遠不夠用的女人」。於是，兩個身心都沒有餘裕的人湊在一起，組成了一個很難歡樂起來的家。

在日本，不僅社會上男人和女人的界線太清楚，家裡也是。

渴望狂野的蘋果小姐們

在日本生活了好陣子後，我發現日本女生不僅不像我們外國人以為的那樣柔弱，其實還很堅韌與強悍。而不少日本男生，也擁有超高「女子力」和溫柔的個性。在規則太多的日本社會，不管男人或女人都是被社會氛圍壓抑的一群人，女人即使擁有很好的工作能力，也有可能因為育兒而被排除到戰力之外；男人明明擅長家事育兒，卻被期待著一定要西裝筆挺地走進辦公室。

許多人活得不像自己，而是活在社會的期待之中，就像是身體裡面住著歐吉桑靈魂的蘋果小姐一樣。在生活中過度壓抑的人們，必須透過搞笑藝人所扮演的角色來得到抒發，這大概也是日本的搞笑劇如此受到歡迎的原因。多麼希望能有那麼一天，大家可以放下生活中的戰戰兢兢，誠實坦然地展現自己的個性。就像蘋果小姐一樣狂野地把大家嚇一跳，不是也很有趣嗎？

。我們都是異邦人。

「這個地方的人很冷漠，你們難道沒發現嗎？」

「對呀！尤其是對我們外國人！」

「特別是對從外地來到的人！」

「是啊！尤其是對於年收不高的年輕人！」

「同意！尤其是對女人。」

「在這裡，我們是不被需要的，一種可有可無的存在。我們和那些在六本木高樓上班，永遠都透過大片落地窗俯瞰這個都市的人不一樣。我們沒有目的地上下電車，唯一能做的事就是維持自己的溫飽。女人要踏進男人的地盤工作也有許多限制，幾年前東京都議會不是有女議員被譏笑說生不出孩子嗎？當時事件鬧得沸沸揚揚的，還不是過一陣子大家就忘了……」

坐在台下看著岡田利規導演的《NO THEATER》，看著台上的演員激動地陳述自己如何地被社會疏離，憤怒市場價值不高的自己，怎麼樣都無法在極度資本主義化的東京找到立足之地，我的情緒突然複雜了起來，一直以來總是以邊緣人姿態在東京生活的我，突然發現自己其實一點也不孤單。

剛到日本的前幾年，是非常非常孤單的。當時的我一直以為因為自己是外國人、日語說不好的關係，所以總是無法融進這個社會。然而過了幾年，當我能用日文與當地人交談時，才發現當年的我好像誤會了什麼。

「上京女子」的孤單

「所以東京的一切妳都已經習慣了嗎？」女孩問我。

「也不能說都習慣了吧！但大概是多數可以接受了！」這問題我被問了太多次，而這大概已經是我可以想到的，比較客觀又不會失禮的回答了。

「妳知道嗎？雖然我已經從福岡來到東京三年多了，還是有好多無法習慣的事，我甚至覺得比起冷淡的東京，福岡和台灣的熱度比較相近。我說的不是天氣的溫度，而是人們的溫度。妳一定也有同樣的感覺吧！」女孩的眼神突然熾熱了起來。

「對的！我懂妳的感覺。」我回想三年多前的自己，大概也會跟初次見面的人這麼說。但現在反而習慣了東京的溫度，在路上遇見微笑的人，還會想

DELTA CHECKED BAGGAGE
CHECK
DELT

說對方究竟是想要傳教還是要詐騙。

某次的女子會也讓我印象超深刻。

在幾杯啤酒下肚後，大家先是問了我這個外國人來到東京後覺得不可思議的事。

「最不可思議的，就是每天早上大家怎麼把自己塞進電車裡面，然後還可以維持整齊的髮型下車，究竟噴了多少髮膠啊？」我說。

大家先是大笑，後來也搶著要發表自己的「東京不思議」感想。

「我覺得最不可思議的事情就是，東京超市的納豆種類真的少得可憐。在我們茨城，超市最基本要有十五種以上的納豆商品，所以我每次只要走到東京的超市納豆區，就會覺得好孤單，好想家喔！而且在東京都找不到可以和我熱烈討論納豆種類的人，大家都會很冷淡地說，納豆不就只有大小顆的差別嗎？」茨城女孩露出不可思議的表情。

「我覺得最不可思議的是那個都市女孩與地方農家男孩的相親節目啦！為什麼有人會放棄都市生活，把自己嫁到農家或是牧場去啊？我們大家都是費盡千辛萬苦才離開那種地方來到舉目無親的東京，寧可一生都單身也不要回去啊！那些女生究竟是怎麼了？會不會有一天我也會孤單到受不了，跑回老家去嫁給務農的小學同學啊？」打扮得非常時髦的秋田女孩說。

「我覺得最不可思議的是，東京電車上的人都不拉手拉環的。好像專業衝浪選手一樣，車廂不管怎麼搖晃，大家都不動如山。但有個前輩告訴我說，上車會緊緊握住拉環的人，就會被看穿是剛從地方來到東京的菜鳥，所以現在無論如何我都不會去拉拉環，就算穿著高跟鞋，我也會很努力地在車廂搖晃時挺著腰。」靜岡女孩苦笑著。

默默聽著大家發表自己的「東京不思議」經驗，其實有個深刻的感受。上京女孩們好像也說不出自己究竟喜歡東京哪裡，只是因為「不來東京不行」而來到了這裡。因為來到東京，就有機會和主流的價值觀更靠近，至少不用嫁給農家的長男，搞不好還有機會認識在六本木大樓上班、穿著筆挺西裝的高年收男子。

「比起這些，孤單一點算什麼啊！」

她們沒有說出口，但是空氣裡卻飄浮著這句對白。

冷漠與貧窮的兩端

在東京這個城市，某些人特別容易感覺到冷漠，這冷漠來自於你的存款不夠支付某些溫暖。高級餐廳給的頂級服務，白金會員可以獲得的特殊待遇，或是高級托兒所、幼稚園和小學的老師才會給你的安心微笑……這是個有錢就能過得很愉快的星球，無奈星球上的大多數人花一輩子都買不到最基本的尊重。

誰是異邦人？

在這個城市，只要沒有錢、不是男人（有錢的女生另當別論）、無法隨意坐在大樓高層餐廳吃個上萬日圓的午餐、無法搭上資本主義主流的人，都可以歸類為異邦人。它和日文程度、護照顏色沒有太大關係。仔細想想我們一點都不孤單，也不需要再渴望從誰那裡得到溫暖，我們都是異邦人，一同活在這個城市，每天奮力地擠進一大早就太擁擠的電車車廂，一樣努力地為著生活忙得暈頭轉向。

曾經也有聽過這樣的說法，說東京就是因為充斥著太多的異邦人，所以才會變得如此冷漠。大家都是帶著對東京的滿滿憧憬而來，但是東京的現實生活卻又與大家預期的相差太遠，因此覺得孤單失望又悲傷。太多的失望悲傷聚集在一起，就變成了彼此的防備與冷漠。每個異邦人都覺得東京是個偏心的母親，特別寵愛那個頭銜氣派的兒子，而大家依舊圍著她打轉，也許得不到她太

多的關愛，但還是懷抱著希望在她身邊打轉。
這也許就是，住在東京的異邦人的心情吧！

。東京孤獨島。

眼前的她，頂著一頭白髮，拄著拐杖，安安靜靜地將臉頰貼在地面上。要不是她的眼睛張開著，眼珠子轉動了一下，我大概會以為她已經死了。

「婆婆！婆婆！妳還好嗎？妳沒事嗎？」枝豆用了比平常還要大聲的音量試著與她對話。

「喔～我只是想要出來……出來請人幫我聯絡一下東京大學病院的〇〇醫師。我昨天剛剛出院，有一個資料必須補給他，但我家沒有電話，只好出來看看誰可以幫我聯繫一下。」

「妳有沒有家人？有沒有子女或是親戚？還是有沒有剛剛說的〇〇醫師的聯繫方式可以給我呢？」枝豆一邊說著，一邊將婆婆攙扶回房子裡面。

婆婆的屋子是間外表看起來還算體面乾淨的三層樓獨棟房子，但裡面沒有電話，沒有電視，沒有時鐘，只有一張桌子，一個荒廢的流理檯，一顆小燈泡，以及一張照護病人用的病床。因為是下午，外面的陽光透過婆婆家的小窗照射了進來，把屋子裡面揚起的灰塵照得一清二楚的。

「我有兄弟姊妹，但因為遺產問題大家早就互不聯絡了。我的丈夫死了之後，我也沒做過什麼壞事，但是他們就把我關在這裡面了。這屋子連飯都不能煮，我連今天到底是哪一天都不知道。有天還來了一個小偷拿著刀子抵著我，要我把所有的財產都給他。從那天起，我就每天都好害怕、好害怕，害怕到我寧可去住在醫院裡面。昨天我終於出院了，回家後我想起必須把文件補交給東京大學病院的醫生，可是怎麼就找不到文件了呢？想打個電話跟他說一聲，免得他擔心。」

婆婆一坐到椅子上，就像個錄音帶一樣自顧自地轉了起來。枝豆環視了一下屋子，看到桌子上放了一個手提袋。

「妳說的文件，會不會就放在手提袋裡面呢？」枝豆問。

「也許吧！我怎麼就想不起來了呢……」婆婆一邊搔著頭一邊將自己的手提袋拿了過來，手一滑，從袋子裡面掉出了大約五、六個牌位。我跟枝豆都忍不住倒抽了一口氣，不知道婆婆平時是不是就這樣帶著她的「家人們」出門的。

「噢！這就是我全部的家人了。這是我唯一可以說話的對象，我時常怕自己出了門就回不來了，所以只好把他們給一起帶著。但是我的文件呢？怎麼

STARBUCKS COFFEE

找也找不到了呢？」

「婆婆，妳說妳昨天才出院，會不會有看診單之類的東西，或是妳有任何人的聯繫方式嗎？」枝豆繼續問。

我拉了一下枝豆的衣角，在他耳邊小小聲地說：「會不會婆婆其實並不是昨天出院呢？我記得兩週前我去接小孩下課時，也曾經見到婆婆倒在地上，當時住在一樓的住戶幫她叫了救護車，會不會婆婆的記憶已經不清楚了？」

枝豆點了點頭，再環視了一下婆婆的屋子，終於在牆上看到一張紙，寫著「××高齡者照護中心以及聯繫電話」。枝豆記下了電話號碼，我們就與婆婆道別了。

「請問是××照顧中心嗎？我是××區的住戶，剛剛遇到住在××號的婆婆倒在地上，想說要跟你們回報一下比較安心。」枝豆一踏出婆婆家馬上撥了電話。

「啊～婆婆又跌倒了嗎？也許是送餐去的先生忘記把門從外面給鎖上了。婆婆已經失智了，最近時常被通報在住家附近跌倒，我們下次會注意送餐完後把門鎖上的。」

「婆婆失智了還一個人住嗎？不知道她有沒有任何親人呢？」

「因為照顧中心完全沒有空的床位，只能讓婆婆在自宅接受居家照護了。不過婆婆家的流理檯是沒有瓦斯和水的，所以不會有安全上的問題。至於三餐的話，我們每天會派人送過去，順便看一下婆婆的情況。婆婆還有一個遠親，但已經很少聯繫的樣子，在婆婆過世的時候我們會聯繫那位親戚的。真是不好意思，讓您麻煩了！」

枝豆掛上電話，露出很不可思議的神情。

「失智的老人真的可以一個人住嗎？還是說她就是因為一個人太久了，完全沒有說話交流的對象，最後才失智的呢？」

「在東京老去、死去真的好可怕，死亡這件事對大家來說就像是一顆電池沒電了一樣，沒有人會在意，最後就變成一個不可回收的垃圾。」我忍不住嘆氣。

「所以她沒有家人關心她，也沒有人跟她說說話，只剩下送餐的先生還有鄰居們可以關心她了。要不要我們偶爾去探視她一下，不然實在太可憐了，真的跟住在監獄等死沒有兩樣。」我想到如果婆婆是我自己的奶奶，我實在不忍心她被孤獨這樣折磨。

「萬萬不可啊！探視陌生獨居老人這樣的事，在台灣也許會被認為是很有愛心、很溫暖、有正義感的一件事，但是在東京，大家只會說妳是不是貪圖這個老人的財產，是不是有什麼特殊的目的？不然幹嘛要處心積慮花時間在一個素昧平生的人身上呢？」

「所以住在東京，我們只能選擇無視與冷漠嗎？」我問。

「對的！住在東京，我們也別無選擇地只能被無視以及被冷漠對待。」

枝豆點頭。

聽完枝豆這番話，覺得心裡好像被開了一槍。我的心破了個洞，但是那槍響卻一直迴繞在我耳邊。那天之後我每天曬衣服、出門時都忍不住會看看婆婆的房子，看看她是不是點了燈，中午時也會留意送餐先生是不是真的有來。

不知道在陽光灑進屋子裡時，婆婆是不是也會心情愉悅呢？若是連著幾天都下雨，是不是屋子裡面會特別暗呢？一天對她來說是不是很長？又或者其實很短？或是她對所有的事情都不會有記憶？

總有一天，她會永遠地與孤獨告別，走進她的手提袋，與家人團圓。

「沒有誰能像一座孤島，

在大海裡獨居，

每個人都像一塊小小的泥土，

連接成整個陸地。
如果有一塊泥土被海水沖去，
歐洲就會失去一角。
這如同一座山岬，
也如同你的朋友和你自己。
無論誰死了，
都是自己的一部分在死去。
因為我包含在人類這個概念裡，
因此我從不問喪鐘為誰而鳴。
它為我，也為你。」

我突然想起英國詩人約翰．鄧恩曾說的「沒有人是一座孤島」。在人口密度極高的東京，漂浮著無數只有一個居民的孤獨島。大家總在抱怨著為何稅金都要浪費在這些島上，但是隨著時間過去，其實曾經抱怨的人們也都得移住到島上。

曾經看過一個電視節目專題，採訪那些因詐欺受害的獨居老人。

「為什麼你會選擇相信這個陌生人呢？他用什麼樣的謊言來欺騙你？」

。超虔誠的常識教會。

加入這個教會好說歹說也有七、八年光景了，想當初自己一個人跌跌撞撞來到這兒，傻乎乎地什麼都不懂，整天心神不寧的，現在終於對於這個城市的運作方式有些理解，可以盡量不與別人產生碰撞，安心地過日子了。

探索一個未知的國家，若可以先理解當地主流的信仰，就可以大致上避免冒犯、趨吉避凶。例如去泰國拜訪寺廟時，要避免穿無袖、短袖衣服或是短裙；到了回教國家，是吃不到豬肉料理的；有些國家相信輪迴與來生，所以治安良好；某些國家認為每個陌生人都是自己的小兄弟，所以格外熱情。然而這個我以為主張「無神論」的國家，大部分的人卻信奉著一個名為「常識」的宗教，而且異常地虔誠。違背教義的人基本上都不可原諒，不論是因為不熟悉教義而侵犯到別人，或是刻意違反教條，都很有可能被教會給驅離。當然你不會像是《聖經》裡犯了姦淫罪的那個女人一樣被亂石扔死，但絕對會被你所屬的當地教會給邊緣化，遭受無數的白眼與冷漠，日子肯定會不好受的。

PART.2
The Family Cow
いきもの図鑑
8.05sun - 8.25sun

要以一個外來者身分融入教會是比較費力的，基本上教友們從小就耳濡目染，所有的教條都熟記在腦海裡。

「在團體中，盡量不要抱持與大家不同的意見。最安全的方法就是聽完所有人的意見後，微笑地說：『我贊成大多數人的說法，沒有異議。』如果你的心中無論如何還是藏有異議，不要說出來，一個人靜悄悄地找個辦法消滅它。」

「打探隱私是大忌。與人交談的原則就是不著邊際，舉凡詢問別人的工作、婚姻狀況、家庭成員或是健康狀況都是非常沒有常識的。也不要主動暴露自己的私事給別人，因為那也會對別人造成困擾。保持只說『你好』的距離，就是最安全、最完美的距離。」

「給別人添麻煩也是大忌。家裡門口沒掃乾淨、發出引人注目的聲響，或者散發氣味和拜託別人幫忙都是給人添麻煩。」

「衣櫃裡必須隨時備有乾淨的正式服裝三套：一套婚禮穿，一套深藍色套裝在正式場合穿，一套全黑非亮面的套裝在喪禮穿。以上三套衣服都必須要配上有領子的小外套，搭配看不出品牌的低調提包，記得裙子要過膝。衣櫃中必須隨時備有珍珠耳環、項鍊、白色乾淨小手帕、全新的透明絲襪，以及幾雙不透明、不發亮的黑色絲襪。基本上有以上三套衣服，就可以安心地應付大多數場合。」

「遇上違背教義的人，你可以提醒他注意常識、疏遠他，並且只與擁有良好正確常識的教友往來。」

「在與人交談前吃大蒜是犯罪。基本上大蒜這個香料能不用就不要用、不要吃最好。」

「倒垃圾時必須秉持良心，違反規則丟進垃圾桶的垃圾還是會被取出來貼上紙條，請主人去認領回家。」

「基本上電話不是用來撥打的，非急事請傳簡訊。」

「如果你對於教條不明白，請保持沉默、睜大眼睛，仔細地看看那些進退得宜的教友如何做，並且虛心學習。」

若要把教條全部編列成一本書，真的會跟百科全書一樣厚重，但教會的每個人都渴望要了解得更詳細、更透徹。在這個教會中「有常識的人」就等同於「受到良好教育的人」且「值得被尊重的人」。當然想要精進自己的常識庫也有許多方法，例如到書店找尋寫著「大人的常識百科」或是「洗練的大人50法則」的這類書籍，就可以得到許多收穫。連如何正確寄送郵件與包裹的方法都會鉅細靡遺地記載在書裡面，這樣就能確保你到郵局寄信時，可以得到和善的對待以及有禮貌的尊重對應，可以省去許多不必要的麻煩。

教會中的兄弟姊妹大多是謙恭有禮並且和善的，相信就是因為他們的每個舉動都是依循著常識在進行，所以避免了許多不必要的爭吵與衝突。雖然我也稱不上虔誠的信徒，但只要心中時常默唸教條，我就能在日常處事時更有自信地踏出每一步，不會再像當初那樣心神不寧了。因為在生活中，常識之神早就為我們做了最好的安排，只要謹守常識，心中就可以得到祥和，不用再時時懷疑別人與自己。

你應該很好奇這個教會在哪裡吧？其實就算翻開日本地圖，也找不到它的實際地址，但可以從人們的一舉一動還有談話中，就感受到他們對於教會的忠誠。只要理解他們的常規，秉持著常識在這邊生活，基本上就可以趨吉避凶、避免冒犯，過著寧靜又平和的生活。

東京日常

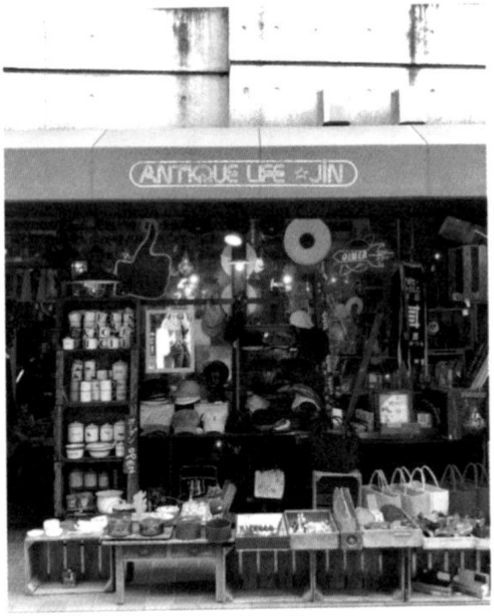

chapter 2.

。再與東京談一次戀愛。

某次，一位好朋友突然聯繫我，說他有位一直在感情上都不順利的女生朋友，想要來東京玩，問我可不可以帶著這女生到處走走。

「所以她是心情不好，想散散心嗎？」我問。

「對呀！就是想吃吃美食、買買衣服，再去一些可以讓心情愉快的景點。」他說。

在東京吃美食、買衣服都不是什麼困難的事，倒是「讓心情愉快的景點」實在是因人而異。我對於這位女生的理解就僅止於「感情不順」，因此直接問她，想不想要去可以增強戀愛運的神社參拜。

「好啊！我真的好需要戀愛之神眷顧，讓我可以找到自己的Mr. Right！」

因此託這位女生的福，結了婚的我就在東京展開了一場「戀愛神社巡迴之旅」。沿途中我一邊聽著她的戀愛故事，一邊跟她一起蒐集御朱印、戀愛御守、找尋粉紅水晶手環，在可以看見東京鐵塔的浪漫餐廳吃飯，然後還去買了日本女生傳說中「只要擦了就會被求婚」的雅詩蘭黛301號口紅。一路上我看她心情開朗了許多，而一直迷信這些戀愛運小道消息的我也很樂在其中。她問我當初怎麼會選擇跟枝豆結婚，我也問問她理想中對象的模樣，聊得不亦樂乎。漸漸地我才發現原來東京還有這樣的玩法，不管妳是正處於一段關係的穩定期，想要多一點愛的火花；或是正在曖昧期，想得到一點提示；或甚至沒有特定的對象，只是突然很想戀愛都適用。

「其實也不一定非要跟誰戀愛，只是單純享受那種少女心爆發、浪漫得失去理智的感覺，也是很讓人心情愉悅的。」

第一站，東京大神宮

我們拜訪的第一站是東京大神宮，目標是要入手傳說中非常靈驗、會召喚幸福來敲門的「鈴蘭御守」。東京大神宮位於飯田橋地鐵站附近，我非常喜歡和女生朋友約在這一站見面，一起參拜完東京大神宮後，再到美食聚集地飯田橋站覓食，可以說是完美無缺的女子會行程了。我身邊有不少日本女性友人，都相信自己是因為東京大神宮而覓得良緣。

除了傳說中會召喚幸福的「鈴蘭御守」外，可以打開對方的心的「金色

成二十年五月吉日

鑰匙」御守對於正在曖昧中的情侶似乎有加溫作用（這邊的戀愛御守總共二十幾種，大家可以依照自己的需求購買）。另外，傳說只要拍下神宮牆面上的金色愛心圖案，並把它設定為手機的待機畫面的話，就可以讓戀愛運高漲。想要覓得良緣的人一定要試試看，在這邊也時常有機會見到日本傳統的「神前結婚式」，感覺遇上了也能接收戀愛正能量。

第二站，赤城神社

我們拜訪的第二站，是位於神樂坂的「赤城神社」。赤城神社和東京大神宮在東京人心中都是想提升戀愛運必訪的神社，但赤城神社比較現代感，加上社殿內還有一間明亮美麗的咖啡店，所以參拜完可以在這邊喝杯茶、休息一下，感覺很舒心。

我們除了取得神社的御朱印外，也入手了「戀愛幸運繩手環」。幸運繩手環總共有十二種款式，不管是依照自己的生肖選擇，或是挑選自己喜歡的顏色戴上都可以。據說綁上手環的時候要默默許下戀愛心願，而等到心願即將達成時，手環就會自動脫落了。除了提升戀愛運外，赤城神社也能保佑「夫婦關係圓滿」，剛結婚時只要和枝豆吵架，我就會大老遠地坐電車來這邊參拜，然後到神樂坂走走晃晃，吃點美食再回家，壞情緒就都被我拋在腦後了。

第三站，今戶神社

位於淺草的今戶神社是我們拜訪的第三站，我非常喜歡這個神社，覺得來到這邊就能召喚少女心。今戶神社最著名的就是隨處可見「雙雙對對的招財貓」，神社裡面就有好幾對，許願用的繪馬以及販賣的御守上也都是可愛的情侶招財貓，非常討人喜歡。今戶神社的戀愛籤據說很神準，連將來另一半的長相、性格、星座、血型以及會相遇的時間點都能預測。而且戀愛籤的造型非常可愛，是隻穿著紅色巫女服裝的招福貓，會讓人很想要小心翼翼地收藏在皮夾裡面。

第四站，愛宕神社

第四站我們拜訪了位於港區的愛宕神社，和其他戀愛神社不同，愛宕神社是以「擺脫孽緣」聞名的神社。因此若是心中有想要快點結束的緣分，或是另一半正在外遇的話，都可以來愛宕神社祈求神明幫忙。據說若兩人的關係已經冷卻的話，也可以來愛宕神社祈求再次燃起愛的火花，因此愛宕神社非常受到熟女們的喜愛。

我們一邊散步，一邊找尋美食，然後漫步拜訪了四家神社。途中聊了許多彼此對於愛情的想法，我也分享了自己婚後的感觸。最後我們帶著御朱印帳、裝滿手提包的戀愛御守，還有滿滿的好心情告別。聽朋友說，這位女孩後來覓得良緣，目前和男友的關係穩定。而事隔多年後，我已經當了媽媽，生活忙碌，根本沒有時間再去神社參拜。

再與東京談一場轟轟烈烈的戀愛

某天的餐會和一群單身的女生朋友又聊起婚活話題。

「今年真的好想要談戀愛喔！有什麼關於提升戀愛運的小道消息可以分享呢？」女生們嘰嘰喳喳地搶著問。

「喔！我知道要擦雅詩蘭黛的301號口紅，然後要去東京大神宮……」說著說著，突然覺得東京這個城市好浪漫，也突然想起自己好久沒有好好地跟東京談戀愛了。那些曾經讓我心跳加速的景點和街景，還有踏上地鐵、公車就想要快點去探索東京的熱情，都被我一天天地漸漸遺忘。好幾次我以為自己已經不再對這座城市心動了，其實只是我把它曾給我的悸動給遺失了。

Valentine's Day
Valentine's
loft
Valentine's Day

回到家後，我的少女心驅使我立刻上網買了那支301號粉紅色唇膏，擦上它後我彷彿又變回了那一個，見到東京鐵塔就會怦然心動的自己。

將來若感到與東京的關係開始冷卻時，我就會塗上那支唇膏，再一一走訪當年那些讓我怦然心動的地點。再好好地，與東京正式地再談一場戀愛。

。發現三軒茶屋的魅力。

和喜歡自由之丘的理由一樣，一開始我也是因為名字而喜歡上三軒茶屋的。「感覺那邊會有許多可愛的咖啡店和和風茶屋呢！」單從對名字的想像，我擅自做了這樣的假設。

第一次拜訪三軒茶屋時我剛來東京生活，純粹只是想要確認到底那裡是不是有很多有趣的咖啡店。日語學校下課後，我便立即從渋谷出發。三軒茶屋離渋谷非常近，搭乘田園都市線急行電車的話只要一站，四分鐘即可到達，若搭乘巴士也只需要十分鐘。要是喜歡散步的話，沿著村上春樹在《1Q84》一書中提到的國道三號高速公路下方的國道246號道路直走的話，不用花上一個小時就可以走得到。

然而事實推翻了我的假設，二〇一一年時三軒茶屋已經是個很熱鬧的地方，但是咖啡店的密集度並沒有像吉祥寺或高圓寺那樣高，而且不少餐廳與咖啡店的店舖都散落在非常隱密的小巷裡，得要花上一段時間、迷路個好幾次才找得到。倒是居酒屋、拉麵店、炸雞店、章魚燒店以及商店街中的各類小吃店非常密集，藥妝店與百元商店等具有生活感的店鋪也隨處可見。

「原來就是一個人口非常密集的住宅區域，感覺生活機能非常好，而且夜晚會比白天更精采的地方啊！」

充滿「活氣」，是我對三軒茶屋的第一印象。（日文的活氣，就是中文「生氣蓬勃」的意思。）

最有都市感的下町

若要說三軒茶屋是世田谷區最熱鬧的地區也不為過，世田谷線沿線居民如果要進入市區，非得經由三軒茶屋前往渋谷轉車不可。而且周邊上馬、下馬、野沢地區的住民也都習慣到三軒茶屋消費。我有好幾次試著從野沢出發，穿過上馬住宅區後走到三軒茶屋車站，和沿著國道246號散步時看到的車水馬龍風景不同，這些三軒茶屋腹地的住宅區非常非常地寧靜，有時候走個十幾分鐘才會遇見一個騎腳踏車的爺爺，或是看到正在陽台曬棉被的主婦。小巷錯綜複雜的程度，即使是由Google地圖來領路都還是像置身難度極高的迷宮一樣，讓人困惑。每次走進「三軒茶屋大迷宮」，我就會想起義大利佛羅倫斯的小巷弄，不過三軒茶屋住宅區蜿蜒的小巷，難度大勝於佛羅倫斯。

快接近三軒茶屋車站時，得爬一段坡路。據說三軒茶屋站在東京的租金和房價排名來說並不算便宜，但若是選擇住在坡下的房子，價格就會比較親民一點。沿著坡往上爬，就會漸漸看到都市該有的樣貌，這時候就可以關掉Google地圖了。先是三軒茶屋病院的大招牌會點出國道246號的位置，接著紅磚色的Carrot Tower胡蘿蔔大樓就會探出頭來，跟你招手說：「三軒茶屋電車站就在那兒。」

「走著走著，就從很有昭和感的下町走到都市裡了呢！原來三軒茶屋有著兩種截然不同的面貌！」是我對三軒茶屋的第二印象。

三軒茶屋，進出東京的任意門

帶有都市感的下町，雖然時髦但親切，靠近渋谷，但是物價不高，所以吸引了不少嚮往都市生活，同時眷戀地方生活溫度的人們。

在日劇《東京女子圖鑑》中，三軒茶屋是女主角綾的東京起點。我在不少的日本綜藝節目中也看過，地方女孩決定「上京」的時候，三軒茶屋會是她們心中排名前幾名的居住候選地。以二〇一七年的平均租金來看，一人小套房

的租金大約是七萬五千日圓，若是比較舊一點或是離車站較遠的單人套房，大概六萬日圓左右可以搞定。比起租金四、五萬日圓卻動輒要花上一小時才能進入都心的房子來說，騎單車就能抵達渋谷的三軒茶屋，租金CP值算是相當地高。而且這邊有便宜的藥妝店、雜貨店，還有價格親民的居酒屋，是一個生活能過得很精采而不無聊的地區。

對從地方來到東京的人來說，三軒茶屋是進入東京的入口。不過對東京人來說，它其實也是個可以從東京出走的出口。

從常被笑稱「連內臟都會被擠爆」的田園都市線下車，轉乘世田谷線的話，往往會有穿梭不同次元的感覺。在田園都市線上，大家擠破頭也一定要擠上這班前往渋谷的電車；但是在世田谷線上，才剛從都心「脫出」的人們顯得一派輕鬆，有的人在看報紙，有些人聽著耳機、享受路面電車的沿途風景。

因此世田谷沿線的住宅非常有人氣，在這邊時常看到占地面積寬廣的獨棟住宅，從庭院的花草、鞦韆中可以感受出住戶們生活的餘裕。

若是從三軒茶屋的地標胡蘿蔔塔大樓二十六樓往下俯瞰，真的會被密密麻麻的住宅給嚇到。據說三軒茶屋車站一天的乘客吞吐量有十三萬人次（二〇一六年數據），但我大概可以理解為什麼有那麼多人想要住在三軒茶屋，因為這裡有扇隱形的任意門，可以瞬間通往東京，也可以快速離開東京。在三軒茶屋，人們可以離夢想很近，也不用離自己眷戀的事物太遠。

順道一提，胡蘿蔔塔兩側看到的風景是截然不同的。在天氣好的日子可以明顯地看見富士山，另外一頭則是可以看到東京鐵塔。

究竟是哪三間茶屋？

「既然沒有很多茶屋也沒有很多咖啡店，那為什麼叫作三軒茶屋呢？」某天我突然想到自己應該要好好了解一下三軒茶屋的由來，所以就調查了一下，查到的結果非常有趣。江戶時代後期時，現在的三軒茶屋一地正好位於神社參拜途中兩條岔路「大山道」（國道246號線）以及「登山道」（世田谷通）的分歧點，而這個分歧點上剛好有「信樂」、「角屋」以及「田中屋」三家大型茶屋提供茶飲餐點和座位讓香客們歇息。我恍然大悟，在日文中「軒」是用來計算房屋的量詞，所以三軒茶屋這名字很直白，其實就是「三間茶店」的意思。這三間茶屋隨著歷史演進，分別因為火災以及法令問題而停業，目前只有「田中陶器店」在當時的「田中屋」相同地點營業，位置就在三軒茶屋的無印良品店附近。

「就是有三間茶店的那個地方啊！」

每次從三軒茶屋站出來，經過「田中陶器店」時，我都忍不住會想像江戶時期人們怎麼談論三軒茶屋。而三軒茶屋這個名字正式被使用，則已經是昭和七年（一九三二年）時候的事了。

我心中的三茶魅力

在我寫下這篇文章的二〇一七年，三軒茶屋已經比二〇一一年時多了許多時髦的咖啡店。連近年來很受歡迎的藍瓶咖啡（Blue Bottle）店，也選在三軒茶屋的復古商店街內，將一間曾經是醫院的五十年老宅改裝，正式進駐「三茶」。

「三茶」是東京人對於三軒茶屋的暱稱，我很喜歡這個名字，因為感覺很復古。即使現在的三茶有越來越多時髦的咖啡店，走在三茶路上的年輕人也越來越有都會感，但其實最讓我著迷的，還是三茶那些還保有昭和風味的商店街。即使在三軒茶屋站旁邊就有一間二十四小時營業的SEIYU西友超市，但是三茶的每條商店街，還是那樣熱鬧充滿活力，受到當地居民愛戴。

商店街中我最喜歡的是「仲間世商店街」，走進這條商店街內，就彷彿走進昭和時期的東京一樣。商店街內什麼樣的店鋪都有，鰻魚飯老舖、摩洛哥料理店、復古化妝品店、肉舖、肉包店、花店全部都並排在一起，但完全沒有違和感。仲間世商店街就位於三軒茶屋以居酒屋與庶民小吃店聞名的三角地帶，據說在商店需要執照才能營業的戰後時期，這邊曾經是黑市。我也聽公公說過為了要去美國，而來到這邊黑市用日幣換美鈔的舊時回憶。

仔細想想，三軒茶屋之所以這麼有魅力，其實是因為它的多元。嶄新大樓旁邊緊鄰著復古商店街，也是懷舊路面電車與東京地下鐵的交會點。車站與現代劇場直通，但是在看表演前可以先在車站出口買一個類似紅豆餅的傳統今川燒果腹。在這裡，就算穿上八〇年代風格的服裝走在路上也不會太奇特。你可以說它是都心，也可以覺得它是下町。都市的人也許嫌它生活感太重，但我倒覺得比被百貨公司和便利商店侵略後，像是不停複製又貼上的千篇一律的都市街道，三軒茶屋顯得獨特還保有了過往的溫度。

若你也有機會來到三軒茶屋，建議從北口A出站拜訪一下江戶時期大山道的地標，想像一下當時的人們在三間類似露天咖啡型態的大型茶屋內喧鬧的氣氛。當然你也可以直接走入村上春樹筆下的1Q84年，跟著青豆一起走下就和《哈利波特》九又四分之三月台一樣，只有某些人才能看見的太平梯。也許和

quip

。剛剛好的惠比壽。

「所以在日本人心中，惠比壽是個什麼樣子的存在呢？」

「對我來說，惠比壽就是比起涉谷更洗練一點，比起銀座又平易近人一些。以女生來比喻的話，我會說她就是個有氣質又時髦的女孩吧！」

「它就是個很剛好又很方便的地方啊！不會太安靜也不會太吵，可以跳上山手線直奔涉谷和新宿，搭了日比谷線可以很快到達中目黑和六本木。慢慢散步就可以走到代官山，途中還有許多風格獨具的小店可以逛。」

「我覺得惠比壽就是個很乾淨又時髦的地方，整個區域的建築都很漂亮，走在路上的人也讓人覺得賞心悅目。而且還藏有許多美味的餐廳，價格都比銀座那些高級餐廳親民多了！」

「惠比壽就是第一次約會該約的地方呀！在《流星花園》中，道明寺和杉菜第一次約會的地點，就是惠比壽花園廣場的石雕噴水池前。而且惠比壽夜晚的氣氛浪漫至極！我再也想不出東京有什麼地方比這裡更有戀愛感的了！」

某次因為製作網站內容，必須和一群日本編輯們一起發想關於「惠比壽的魅力」，整場討論下來，我發現惠比壽在大家心中有著不可動搖的「零負評女神」定位。我自己也非常喜歡惠比壽這一站，花了好長的時間在這裡探索後，漸漸可以理解為什麼它總是在「東京最想居住的街區排行榜」中榜上有名，以及如此受到日本人的喜愛。

從啤酒工廠變身花園廣場

第一次到惠比壽時，一下電車我就被地鐵站牆上的啤酒海報吸引住目光。以前我只知道惠比壽是個日本神祇的名字，後來才知道，原來這個地方與啤酒的關係非常密切。明治時期時，日本麥酒釀造會社（札幌啤酒的前身）在此設立工廠，之後發行的「惠比壽啤酒」也因此成為惠比壽地名的由來，而啤酒工廠的舊址現在則變身成為充滿歐風的「惠比壽花園廣場」。

雖然不喝啤酒，但我非常喜歡來惠比壽花園廣場，喜歡夏天時看著大家來參加啤酒節興高采烈的樣子，喜歡冬天時耶誕市集溫馨的氣氛，也喜歡在廣場看一場露天電影，或什麼都不做，只是坐在廣場的長板凳上享受東京難得的緩慢空氣。惠比壽是我心中的東京後花園，每次從ＪＲ惠比壽車站東口穿過長長的skywalk步道前往惠比壽花園廣場的路上，都會讓我心跳加速。感覺很像從東京穿過一條隧道就走到布拉格廣場一樣，很神奇地，只要到了這邊，陽光、空氣和心情都會瞬間變得不一樣。

我很喜歡約朋友到這裡的花園廣場塔吃飯，三十八以及三十九樓有好幾間餐廳，從日式、泰式到法式料理都吃得到。這裡的料理不會太貴，日幣兩千圓以內就可以吃到很不錯的午餐，但是可以享受到無價的東京絕景。

除了可以邊吃飯邊觀賞美景外，花園廣場內還有東京都寫真美術館、電影院、百貨公司和咖啡店等等，足以在這邊度過一個寧靜且讓人心滿意足的下午了。

濃濃昭和氣息的惠比壽橫丁

若是從ＪＲ惠比壽車站西口出站的話，可以看到與花園廣場的歐風景色截然不同的風景。在西口與惠比壽神打個招呼，往左轉穿過馬路後，就會走到飄著濃濃昭和氣息的「惠比壽橫丁」。在昭和時代，這裡曾經是非常繁榮的「山下購物中心」，不過隨著大家生活方式的轉變，這邊倒是奇蹟似地沒有隨著一般商店街沒落，而是很完整地被保留在惠比壽的一角。若是想要享受熱鬧的飲

酒氣氛搭配庶民料理的人，可以來這邊探險一番。橫丁附近有幾家拉麵店，被枝豆稱為「快被女人們給完全占領的惠比壽中，稍微還可以讓男人的胃感到滿足的地方」。

山種美術館的美麗和菓子點心

如果喜歡散步的人，建議從惠比壽車站往廣尾方向慢慢散步過去，沿路會遇見幾間讓人心情愉快的小店。其中我非常喜歡山種美術館的咖啡店「Café椿」，在這邊可以吃到各式美麗的職人手作和菓子，配上一杯日本茶，就可以讓人心情平靜而愉快。另外有一間「CANVAS TOKYO」咖啡店我也好喜歡，雖然店面很小，二樓只有一個像是小閣樓書房一樣的迷你空間，但是這裡提供順口的咖啡、美味的甜甜圈以及澳洲牛肉漢堡。我時常在這邊重整自己的心情以及生活步調，當陽光從木窗櫺格灑在我的筆記本上時，總會讓我想起小學時上課的景象，非常溫暖可愛。

剛剛好的惠比壽

東京有許多地方雖然充滿魅力，但惠比壽卻是一個難得不會讓人感覺緊張或是步調太慢、太空的地方。在日劇《東京女子圖鑑》中，雖然惠比壽被設定成一個過客般的存在，一個從「單純的三軒茶屋女孩」到「更好的銀座女人」的必經過程，但我卻覺得走在惠比壽的路上，時常會忘記「更好」到底是怎麼一回事。這裡沒有吵雜的音樂或是電視牆，不停放送現在最新、最美的化妝品訊息；即使走進與車站連結的atre百貨裡，也可以安靜地與店員保持美好距離，靜靜地欣賞櫥窗內的風景。百貨裡面有間很大、很好逛的有鄰堂書店，即使在店裡逛一整天也不會覺得膩。

惠比壽的魅力讓人覺得「現在剛剛好」，不用刻意打扮，只為了上一間漂亮高級的餐廳，或是踩上高跟鞋、喀噠喀噠地，彷彿要與誰宣戰。雖然偶爾我也會跑到銀座和丸之內去體驗一下稍稍奢華的事物，但惠比壽則是一個讓我感到很放鬆、很剛好的地方。我可能會一直喜歡惠比壽，喜歡到我變成老奶奶為止吧！

。吉野家的慢時光。

星期二，我和媽媽來到了惠比壽，挑了車站附近的一家簡餐店吃飯。店內非常乾淨明亮，木質牆面上掛著裝飾用的觀葉植物。店內男女老少都有，有人坐在面對牆面的一人座位，一邊安靜地吃飯一邊充電手機；有些上班族、年輕女孩則是坐在面對面的座位，邊吃飯邊從容地聊天。一般來說，像這樣靠近市中心與車站、不限制用餐時間的餐廳，消費都不會太便宜。但是很不可思議的是，在這家店只要花上一個五百日圓銅板，就可以吃一頓美味的餐點，店內還提供無限暢飲的綠茶。

更不可思議的是，這裡是吉野家。是那個我們印象中總是只有十五人、狹小U型吧檯座位，吃完飯就得馬上走人的吉野家；是那個老是擠滿歐吉桑，女生連一步都很難踏進去的吉野家。

如今，這個掛著黑色招牌的嶄新吉野家，打破了橘色吉野家的許多舊規則。它以咖啡店風格的寬敞座位招手歡迎女生入店，而充電座、免費WiFi更

吉野家 YOSHINOYA
3社合同定期券
明太マヨ

是鼓勵大家長時間逗留。坐在黑色吉野家裡吃著半熟蛋蔥花牛丼的我，不禁想著吉野家究竟發生了什麼事？

屬於勞動者的吉野家

看到隨著築地市場搬遷到豐洲，而吉野家一號店也隨著閉店的新聞，我才知道原來吉野家最有歷史的一號店居然位於築地魚市場內。據說築地一號店閉店當天吸引了好多吉野家的鐵粉排隊，有不少人甚至一早從地方搭新幹線來東京，就是為了再看吉野家一號店最後一眼（據說還保留著將筷子放置在牆面上的風景），然後再回味一次，只有一號店才能點到的隱藏版料理「綠の丼」。一般吉野家的牛丼是由藍色碗盛裝，只有一號店的牛丼使用綠色碗。不同處在於「綠の丼」有大量的洋蔥，主要是為了提供勞動者更多營養。

因為這則新聞，我才知道吉野家居然有一百二十年的歷史了。吉野家於一八九九年（明治三十二年）在東京的日本橋開店，雖然創始於東京，但是身為創辦人的松田榮吉先生其實來自於大阪市福島區的吉野，所以使用了「吉野家」這個稱號。我時常在餐桌上聽公公和枝豆聊到，在那之前，關東人的日常飲食中並不太吃牛肉，因為吉野家牛丼飯的出現，而將吃牛肉的習慣帶到關東地區來。所以沒有「關東風牛丼」或是「關西風牛丼」這樣的說法，因為牛丼本身就是來自關西的料理。

二次世界大戰後（一九四七年），吉野家轉移到築地市場內，開設了「築地一號店」，同年也掀起了東京外食產業的開端。至於選在築地市場開店的理由，是因為在魚市場工作的人起得早，工作繁忙，又需要大量的體力，因此吉野家所提供的「五分鐘就可以完食」的牛丼剛好符合了這些勞動工作者的需求。為了配合築地市場的工作時間，築地一號店在凌晨五點就開店，只營業到下午一點。但在只有十五個座位的狹小店內，居然在一天八小時的營業時間內，締造超過一千人的來客率。也因此據說要被錄取為吉野家築地一號店的店長，必須是擁有「每十五秒就能盛裝好一碗牛丼，並且送上客人面前」的超級快手才行。

隨著築地一號店的誕生，主張「便宜、快速、美味」的吉野家，在日本人的心中也種下了「屬於忙碌勞動者」的專屬食堂的形象。

以築地為原點，接著吉野家漸漸向東京，甚至日本以及世界各地嶄露頭角。其中經歷了狂牛症、破產等各種艱難挑戰，因此吉野家總在不停地研究新菜單，如今甚至可以在吉野家吃到沒有牛肉的蔬菜丼，也總會看到吉野家根據日本各大節日推出各種季節限定料理。而在原物料還有人員薪資不停上漲的今天，吉野家也被逼迫著得漲價。在競爭激烈的外食戰場中，「便宜、快速、美味」的選項實在太多了，隨著生活型態以及市場的改變，吉野家必須推出許多創意對策才行。

曾經是「女生止步」的吉野家

記得在二〇一一年剛到東京時，我時常一個人到吉野家、松屋等牛丼店吃飯。當時和日文老師提到這件事，只見老師露出一副不可思議的表情。

「妳居然敢一個人去吃牛丼，妳沒有發現整間店的歐吉桑都在看妳嗎？基本上在東京，女生是不太會走進去牛丼店的！穿得漂漂亮亮地坐在那邊吃牛丼實在太違和了啦！」

的確，牛丼店裡面稱不上乾淨漂亮，很多時候我也會因為附近座位的人飄來刺鼻的汗臭味就沒了食慾。但後來發現有些店舖經過改裝後，變得比以前乾淨漂亮，甚至還可以推著嬰兒車進去了。我想我的日文老師若是拜訪過進化後的吉野家，也許就會改變「女生不能進入吉野家」的想法了。

返却口
返却口

可以「慢慢吃牛丼」的黑色吉野家

如今我和媽媽一起慢慢吃著午餐的黑色吉野家，已經完全沒有「女生止步」的氛圍了。開放式的點餐檯裡面站著兩個年輕可愛的女店員，雖然店內還是以男性客居多，女性顧客只占百分之三十左右，但她們走進店內的腳步，還有在店裡用餐的模樣都是很輕鬆自在的。

黑色吉野家提供了充電座、抱枕、無限供應的熱綠茶，還有可以自己投幣的咖啡機，另外也推出了橘色吉野家沒有的限定菜單。有不少講求時間就是金錢的東京人說：「黑色的吉野家上餐速度超慢，我還是喜歡將食券交給店員後，就可以馬上吃到熱呼呼牛丼的橘色吉野家。」然而喜歡吃牛丼，但是又不想趕時間唏哩呼嚕地吞下食物的我，卻覺得像是發現了新大陸一樣。

根據日本《經濟新聞》的報導，日本吉野家二〇一八年三到八月的損益報表是八億五千萬日圓的虧損，可以想像他們在這個「外食爭霸戰」中戰鬥得非常辛苦。除了黑色吉野家的出現外，據說傳統的橘色吉野家也不停地在根據顧客的需求轉型，例如把跟對面座位對到眼的U型吧檯座位改成Z型座位，或是販賣有優惠折扣的定期券。

「我的目標是希望五年後，大家會說：『啊～以前我們都是在那麼窄的座位吃牛丼呢！』」吉野家的社長河村泰貴說。

我則是期待，將來可以和朋友聊到「妳們還記不記得，以前女生去吉野家吃牛丼，會招來奇怪的眼光這件事？」

至於吉牛迷（吉野牛丼迷的簡稱）所關心的，築地一號店一百二十年所傳承下來的牛丼醬汁，究竟是否就要從世界上消失了呢？據說築地一號店的風味會完整轉移到豐洲市場分店，邁向下一個一百二十年了！

。日本人的收納哲學。

前陣子我的收納專家好友柳澤小實小姐推出了新書，我跑到二子玉川和一群熱愛收納的主婦一起聽了她的收納分享心得，突然間好像被點通了任督二脈，對「收納」一事有了完全不同的看法。

其實一直以來我對日本人的收納技巧都很有興趣，買了好多書來研讀，也沒事就很愛逛販賣收納用品的商店。有次我受邀到柳澤小姐家玩，對她家的整齊與清爽很驚豔。但仔細一看，其實她擁有的物品非常多，卻絲毫沒有凌亂的感覺。

「究竟是怎麼辦到的呢？」我問。

「簡單地說，收納其實就是人與物品與空間的關係管理。」她舉起茶杯，淡淡地笑著。

以人為主角的收納理論

先剖析一下我自己的收納方式：每次覺得家裡面很凌亂，空間快要爆炸時，我第一件做的事情就是把散亂的物品歸位，丟棄不需要的東西，盡量把容易看起來凌亂的衣物和玩具都藏在櫃子裡。

但柳澤小姐的觀點很不一樣，在收納之前，她會先在家裡走動，模擬一下自己出門時的動線、回家進門時的動線、使用洗衣間與洗手間的動線，還有使用工作室的動線。

「出門前，我絕對不想花時間找鑰匙。所以我的鑰匙永遠只會待在門旁的醒目的小盒子裡，隨手拿了它就出門，一進門就將它放回去。也許有一天我的腦袋會忘記出門要帶鑰匙，但我的身體也許會記憶這個動線。」她笑說，自己的收納法完全是為了要省時省力，因為不喜歡浪費多餘的時間和力氣，所以一開始就會仔細規劃動線與物品的位置。

「而衣服收納這件事，不是從衣服買回家了才開始。當我看見一件衣服的時候，我就會開始在腦海中思考這件衣服需不需要熨燙？要不要花上很多乾洗費用？基本上我只買不需要熨燙、掛在衣架上晾乾後，就可以立刻收進衣櫃的衣服，這樣就省下了摺衣服的時間和力氣。而我會用衣架去管理自己的衣服數量，每一季都會給自己添購一件定番服，時常穿它，如果到季末時衣服狀態已經不好了，我就會直接淘汰它，省去換季收納困擾。」

我看過柳澤小姐的衣櫃後，發現她的衣服數量真的少得驚人。但她非常會善用帽子、髮帶、耳環、領巾等飾品，讓自己隨時看起來都呈現不同的樣貌。

聽完了柳澤小姐的「以人為出發點的收納理論」，我才發現自己的問題癥結在哪裡。一直以來我都在追求空間表面上的整齊，但根本沒有仔細思考過自己與家人在這個家的動線。所以我的A物品時常都會被我扔在B處，塞進櫃子裡的東西時常就被我遺忘了。後來我照著柳澤小姐說的，把家人的動線用白紙畫了張圖，再與先生討論，發現我們家需要大改革。因此我扔了一些家具，也添購了一些讓我們日常生活動線更順暢的收納櫃。

換個角度看自己的家

因緣際會下，我讀了一本名為《小卻美好的23種空間提案》的書。作者是日本攝影師，他找到二十三間空間迷你但是配置得很清爽又可愛的房子，使用「俯瞰」的方式空拍了大家的居家空間。這本書的內容讓我很驚訝的是，原來只是換個角度看房子，居然就會產生截然不同的想法。從超角度俯瞰自己的空間，不僅可以讓家人的動線更一目瞭然，所有家具的顏色、材質和形狀瞬間都可以縮成一張圖片那樣地清楚。我現在沒事就會站在一張高高的椅子上，俯視家裡面的大小物品，覺得這個點子真的非常棒！而且時常使用高角度俯瞰會瞬間就找到失蹤很久的物品。

空間與物、人與世界的關係管理

關於收納這件事，讓我特別有興趣的其實是隱藏在背後的哲學。「為什麼日本人特別會收納呢？他們究竟和我們腦袋安裝了什麼不一樣的系統？」這個問題我問過許多日本朋友，大家的答案都不一樣。「會不會是因為東京空間特別小呀？」、「不知道耶，大家好像都很喜歡研究收納這件事並且樂在其中」，有更多人的回答是「從小我的母親就一直都是這麼做的，所以收納對我來說只是一件理所當然、稀鬆平常的事」。

不過就像柳澤小姐說的「空間其實就是人與物、空間的關係管理」，其中讓我在意的，其實是「管理」兩字。我一直都覺得枝豆買東西很龜毛，連買個菜都會花非常久的時間。例如他若要買雙新鞋，一定會在鞋櫃巡視好多天，

くらしに
使わないときは
たたんでしまえる

再把衣櫃翻個好幾次，最後先丟了一雙鞋，才會再買新鞋。買菜之前也一定會先把冰箱打開盤點過，查好食譜，寫下想買的清單，才安心出門採買去。一開始我實在無法理解這些事，直到結婚幾年後，我發現自己時常買了無法搭配任何衣服的鞋子，或是老是得扔掉冰箱裡過期的食材，才發現因為「缺乏購物事前管理」而浪費了許多時間和金錢，事後再去處理掉這些自己花了時間和金錢買回來的物品，得不償失。

而「人與物、空間的關係」這個想法，我也覺得充滿哲理。說穿了就是比例的問題，而這些比例分別使用「人」與「物」去模擬分配的話，會出現很有趣的結果。例如在我可以運用的空間裡，我想要把百分之二十留給書櫃、百分之三十留給廚房，但最重要的是百分之五十想要做為客廳使用。其實去思考這些比例，會發現時間與空間的關係，同樣地我想把百分之五十的時間留給家人，百分之三十留給生活雜事和工作，然後確保自己還有百分之二十的時間及空間可以閱讀和做自己真正喜歡的事。但柳澤小姐也說：「不要把所有比例都排得滿滿的，最好還是留個百分之二十到百分之三十給新的事物。」

家中的收納和配置方式會隨著生活型態改變，這些空間與物品的比例其實也會隨時變動。所以我時常在搭公車時反覆思考著這些比例問題，想著想著，突然覺得自己的生活好像也有了系統，一目瞭然。

收納讓人身心健康

我對於風水向來沒有特別興趣，但就在我仔細思考了家裡的動線、移動了家具位置後，立刻就發現家裡面的空氣流通變得順暢起來，家人感冒生病的次數也減少了。我不禁思考古人的風水智慧，是不是隱藏著收納整理的學問？先做好「腦內收納」，仔細思考自己想要的生活方式後，再向外延伸與物品的關係，說不定身心靈與空間的關係就能更順暢地運轉起來呢！

。四十歲開始的減法生活。

前幾天趁著小孩午睡的時候，我跟枝豆決定要去逛家具店。總覺得這個我們已經搬進來快三年了，卻始終來不及好好打理的新家，終於該要好好地整頓一番了。

「妳現在最想要的是什麼？」枝豆問我。

「我的夢想是想要一張別致的書桌，就是那種很像會出現在法國小公寓窗邊的復古書桌，上面放幾本喜歡的書，裝飾著乾燥花。但那只是夢想啦！我覺得目前我最需要的是一個可以快速瀏覽所有衣服的大容量五斗櫃，還有一個可以把食材還有鍋盤整理得更有系統的食器櫃。」

聽到我的答案，枝豆忍不住在家具店裡大笑了起來。

「看來妳的夢想和現實之間有很大的差距呢！」

「對呀！但我還是覺得懷抱著夢想，生活起來會比較愜意。」我吐吐舌頭。

我們像是逛藝廊一樣瀏覽著家具店，一邊討論著這個櫃子要是擺在我們

祭
処方せん

家會有多漂亮，然後再一邊笑著說會不會櫃子最後都塞滿小孩的玩具或是被奇異筆亂畫。討論了半天，結論是所有的家具都好美，但目前的我們似乎並不適合擁有。

「請問你們想找什麼樣的東西嗎？」店員過來，試圖給我們一點協助。

「我們在找那種可以讓家裡看起來更美，但是又不會被一個兩歲小孩給摧毀的、實用又好清理的東西。」枝豆指了指嬰兒車上熟睡的豆豆。

「如果是要幫家裡換個氣氛的話，我覺得地毯會是很不錯的選擇喔！想問問你們家裡的沙發是什麼顏色和材質呢？」店員一邊說著，一邊帶我們到放著一捲一捲地毯的角落去。

「是深藍色的布面沙發。」

「那我會推薦這幾個色調的地毯，另外這些地毯的編織方式都是非常好清洗的，花色也不容易看出髒污，就算是有小孩的家庭也非常合適的。」店員非常老練地打開幾捲地毯鋪在地上，讓我們看看大小、花色與材質。

我和枝豆非常喜歡逛東京的家具、家飾店，因為這些店裡面的店員真的是臥虎藏龍，對於家具的知識非常豐富，總是能從他們口中聽到許多關於家具的有趣故事，或是東京人各種各樣的生活方式。

「一邊育兒一邊想把家裡面打理得漂亮的方式有很多，歡迎隨時到店裡面來聊聊討論。」我跟枝豆選了一張頗滿意的地毯，店員一邊幫我們包裝一邊說。

「不知道為什麼，我覺得進入四十歲之後，東京的生活有種讓人鬆了一口氣的感覺。」買完地毯後，我和枝豆找了一家咖啡店坐下，他一邊喝咖啡一邊說著。

「我也覺得阿拉four（日語俗語：快四十歲的意思）的生活很不錯，就算是被琳瑯滿目的物品給包圍，我也可以很清楚自己想要的是什麼。不再被慾望或是焦慮給追逐著，這大概就是人家說的大人的餘裕吧！」

想起二十歲初次拜訪東京的時候，像是來到迪士尼樂園般。我在渋谷109百貨裡面轉啊轉的，百貨裡的香氣依然記憶猶新，是「洗完澡身上飄著的洗髮精香氣」，裝在愛心玻璃瓶裡面的Angel Heart。我的心跳跟著百貨店裡面的音樂沸騰，我的脈搏跟東京合而為一，快速而興奮地鼓動著。

三十代的東京，對我來說前半段是充滿新鮮感的，我發現東京有好多不同的樣貌，有整整的二十三區可以持續去探索、追尋。三十代後半段的我則是覺得力不從心，總覺得這個城市如此美好，但就像是櫥窗內的美麗蛋糕，我總是匆匆忙忙地路過，沒有辦法停下腳步來好好地享用它。在東京的美好與現實間斷層過大，我只能在雜誌、電影或是小說裡品嘗它的美好，而實際與它相處之後卻是讓我喘不過氣的。要用成人比喻的話，大概是一個長相好看、個性有趣，但住在一起會把人逼瘋的龜毛情人。

在即將步入四十歲的今天，我終於找到了與東京和平共處的方式。

我發現在這個擁擠的城市，人們需要的不是物品而是空間，不是認識更多人而是心靈接觸的交流。我可以到漂亮的店裡面去欣賞美麗的物品，但是帶著實用的東西回家。像是我跟枝豆買回家的那張地毯，美麗與實用的比例大約是6：4。也不是非得要妥協什麼，但我覺得那就是目前我心中的一百分。

「這張書桌很像妳想要的那種，會出現在法國公寓窗邊的復古小書桌呢！」走進另外一家家具店，枝豆一眼就看到我夢想中的書桌。

「沒有錯！就是這樣的桌子。我可以想像我用這張書桌用到八十歲的樣子——在我可以活到八十歲的前提下。但這個價錢我大概要到六十歲的時候，才有辦法很有餘裕地負擔。如果這張桌子到下週仍然沒有折扣的話，只能說它並不屬於現在的我。」我湊近看了一下書桌的標價。

四十歲的東京生活，比我想像的還要富足。不是因為存款變得更多了、時間變得更多了，而是我想要的更少了。

衣櫃裡不再是爆炸狀態，只有幾件自己很喜歡的外套、毛衣、裙子、包包。小孩的物品玩具也盡量精簡，想看書、想玩耍，我們就去公園、圖書館。食物盡可能地健康簡單，偶爾嘴饞再約約家人上餐館。在東京這個都市轉呀轉的，我終於才明白，美好其實是來自於一種滿足的心理狀態。

我不再執著要把所有的美好都帶回家裡，因為我已經生活在如此美好的城市之中。

。托兒奮鬥記。

早上九點，保育園裡面已經鬧哄哄的。老師從我手上接過小孩，讓我快速填寫孩子今天的體溫、身體狀況還有聯絡事項，然後就用短跑接力賽的速度將他給送進教室。

「いってらっしゃい！」（路上小心！）老師一如往常地回頭對我說了這句，一邊拉上教室的門。

非常奇妙地，和保育園老師非親非故的，但我總是能從她們口中的這句「路上小心」獲得滿滿的能量，然後安心地去工作。

在還沒有小孩的時候，我從來就不知道在東京要擠進保育園是一件這麼困難的事。時常在新聞上看到「待機兒童」的議題討論，說這個問題再不解決，日本的生育率就會持續低迷，並且讓日本的女性職場活躍度大大降低。「待機兒童」指的就是那些等著要排隊進去保育園卻進不去的孩子們，據統計二〇一七年就有三萬七千名零到兩歲的日本兒童進不了保育園，大概占了日本全國零到兩歲兒童的三分之一。在被稱為「待機兒童重災區」的目黑區以及三鷹地區，更是面臨每二點五位兒童之中，只有一位可以被保育園錄取的窘境。

那要具備什麼樣的條件才能被錄取呢？日本的認可保育園審核是採用點數制，會依照父母的工作年收入、婚姻狀態、是否與祖父母同住以及小孩是否有兄弟姊妹、是否有保育園申請失敗的經驗來做為審核依據。簡單來說，雙薪或者單親家庭、與祖父母分開住、第二胎以上以及曾經申請保育園但是失敗，都可以獲得加分。

我們家剛好住在「待機兒童重災區」，加上我和老公都是自由接案工作者，所以要申請到認可保育園根本是一件不可能的任務。我曾經到區役所諮詢請求支援，得到的回覆是：「妳必須先被某一家公司聘請為全職員工，以及提出聘請私人保姆三個月以上的薪資支付證明，才有資格申請保育園。不過在我們這個區域，就算是有資格申請，也有一半以上的機率會落選。」

當下聽到這番話，我已經完全喪失了鬥志，決定暫時放下工作，專心帶豆豆帶到他三歲上幼稚園為止。

然而，現實是殘酷的。我發現即使做為一個全職媽媽，我依然想要維持一些收入、依然有很多自己的雜務要處理。然而有了孩子，做家事不僅變成了兩倍以上，還得要不停吸收育兒資訊才行。早上得要陪小孩到公園活動身體、消耗體力，下午的時間要陪他讀繪本、玩遊戲，等到孩子午睡或是晚上熟睡了，才有一點點時間進行自己的工作。一整年下來，我幾乎每天只有三、四個小時可以睡，身心處於崩潰邊緣，因此我開始思考其他自救方法。

某次在逛渋谷的無印良品時，發現店鋪內有提供托兒服務。雖然每次托兒的時間上限只有三小時，但我至少可以在那三個小時內回覆E-Mail、寫寫稿子，以及整理一週的工作計畫。當時我第一次深刻感覺到托兒服務真的太重要了，可以讓媽媽的身心狀態回到平衡，腦袋回到清醒狀態，也可以讓孩子有機會與其他人相處。

後來我又繼續查詢其他托兒相關服務，發現我可以使用「一時保育」、「家庭支援保育」或者是「私人鐘點保姆」。私人鐘點保姆是最方便快速的選項，但是得要讓陌生人待在家裡面，而且費用較高（每小時約兩千五百日圓），所以非到必要時刻，我不會考慮。家庭支援保育則是將小孩託給家裡附近的退休夫妻看顧，一小時費用八百五十日圓，但是退休夫妻並未持有保姆資格，附近也不見得找得到適合的人選。

一時保育則是政府提供，針對無法把小孩送進保育園的媽媽們的福利政

策。優點是價格合理便宜，一小時只要五百日圓，缺點是非常搶手，每家保育園有不一樣的預約規則和使用規範。以我居住的區域以及使用的保育園為例，每週可以使用的托兒上限為兩天，托兒日十天前的下午一點開放電話預約，一開始從兩小時開始，依照小孩的適應情況，可以在下次預約時追加三十分鐘或是一小時。

我想送小孩去的保育園一天只有四名「一時保育名額」，我每次都在想預約前十天的下午一點五十九分五十八秒按下撥號鍵，但每次仍要撥打將近十分鐘（也就是上百通電話）才有辦法撥打進去，簡直就像是搶購熱門演唱會門票的心情。就算預約到了，我也會擔心小孩在保育園表現不好，沒辦法獲得延長保育時間的機會，所以每次都是抱持著且戰且走的心情。

曾經我是個非常沒耐心的人，若要一次打上百通電話，我肯定會在中途就放棄。但是為了要稍微喘口氣，為了想要去做一個採訪，為了讓自己在育兒生活中達到身心平衡，目前我仍然會每週花兩天下午努力地撥打電話。

每次在工作日當天將孩子送進保育園後，我會快速地和老師道謝，再次踩上單車衝向地鐵站。剛到日本的時候，我時常看到日本媽媽穿著套裝窄裙，奮力踩著單車送小孩去保育園，然後再跳上電車前往工作的模樣，即使是下大雨的日子也不例外。當時我覺得好不可思議，也暗自覺得我大概一輩子也做不到這樣的事。而今天正好下著雨，我一邊想著待會雨若越下越大，我是不是有辦法準時來接走孩子；一邊想著放在包包裡面的相機會不會淋濕，是不是充好了電，以及裝了記憶卡……

當媽媽真的不是一件輕鬆的事，每天都要面臨新的挑戰，要在腦中同時處理各種不相干的大量資訊，但卻讓人累得甘之如飴。每次在離開保育園，跳上單車的那一秒，我就已經開始想像豆豆待會見到我的笑容，開始期待老師的詳細報告，開始想著把豆豆放在臂彎裡雖然沉甸甸卻滿是甜蜜的感覺。

保育園之戰真的非常辛苦，但相信總有一天，它會變成回甘的記憶。

。人生的使用說明書。

前陣子日本出版了一本名為《妻子的使用說明書》（妻のトリセツ）書籍，獲得讀者很大的迴響。作者黑川伊保子受到許多節目的邀請，聊她寫這本書的動機。

「這世界上製作說明書最認真的國家，一定就是日本了吧！各類商品一定會附上鉅細靡遺的使用說明書，讓大家從收到商品起就很安心，使用起來也不會有任何的疑問和障礙。

「有天我發現一件事，就是好多丈夫都在抱怨他們不懂自己妻子的心情。例如妻子會說只是過個生日何必鋪張浪費呢？然而卻又在吵架的時候，抱怨丈夫從來沒有為她好好地慶祝過生日。想要丈夫送上禮物或是規劃旅行也從來不直說，卻又會偷偷地生悶氣、鬧彆扭。

「丈夫們摸不著頭緒，妻子們也得不到想要的對待。我想說，如果這個世界上有一本妻子使用說明書，丈夫們是不是就不用猜來猜去，可以知道什麼

A
文芸・文庫
週間ベストセラー
ぼくたちは
習慣で、
できている。
佐々木典士
9位
8位
7位
映画化
5位
4位
3位
2位
定時で
帰ります。

場合該做什麼事、說什麼話，這樣夫妻就能更和平地相處了吧！」

她一說完，來賓們立刻哈哈大笑，說這本書出現得太晚，不然就可以少惹妻子生氣，家裡面的氣氛就可以更和諧了。

當時看著這個節目，我感到有些不可思議。即使書名有那麼一點開玩笑的成分在，但的確發現在日本生活，很容易一個不小心就被「使用說明書」或是「參考範本」給套牢。好像沒了說明書，大家就會手足無措失去了方向。

跟著山田太郎做就對了

剛到日本時要填許多表格，當時我日文不好，很怕連要填什麼都看不懂。但是不管是去入國管理局或是區役所，遇上要填表格的時候，一定會有一張「參考範本」可以照著抄寫。

「喔喔！原來這邊要填上姓名、住址要這樣寫、這一格是要填這個……」

基本上這些參考表格上的人名都叫作山田太郎，我有幾次範本抄得太忘我，就在姓名格那邊也跟著寫上山田太郎了。當下覺得自己很好笑，有範本的時候總是太安心，安心到會把大腦也關機了。

不僅在填寫表格時有安心的範本可以參考，只要是遇上要操作機器（例如自拍證件照的機器和買餐券的販賣機）、或是要參加考試座談會，都一定會有詳細的流程可以參考。去超市買菜時，只要掃描包裝上的二維條碼，就會出現參考食譜。

和日本人一起工作時，更會被他們的工作流程表給震懾。你會發現每個日本人都是Excel使用高手，不管是一個採訪、一個彩排都會有非常精密的Excel流程表。每個參與者的姓名都會出現在表格內，幾點幾分誰該在哪裡出現、該做哪些事、幾月幾號幾點前這個工作必須完成、需要經過誰的審核、完成幾頁的結案報告都會仔細地條列出來。每個人都是一個重要大工程中重要的小螺絲釘，一個人出了錯就會影響到工作的執行與結果。所以排除了大型天災如大颱風、下雪等不可抗力因素外，基本上，大家在工作當天都必須維持在一個不生病、不出錯的狀態。

每次收到這樣的工作流程表，我其實心裡面會出現兩種情緒。一種是非常佩服這樣的專業度與敬業精神，相信也就是這種兢兢業業的精神，才能達到完美的結果。這樣的精細流程表也讓人感到安心，因為工作流程完全透明化，我就不用到處確認，只要確定自己有把負責的部分如期確實完成即可。另外一種情緒則是緊張，祈禱著自己可以維持在最好的備戰狀態，也希望一起工作的人不要嚴謹到完全零彈性，讓工作執行起來既緊張又困難重重。

「一日就上手」的工作說明書

還沒到日本生活前，我曾在英國的無印良品工作，報到的第一天我就收到一本武功秘笈般的「工作說明書」。當時那本工作說明書真的讓我大開眼界，從接到同事電話與客戶電話該怎麼回應，各店舖之間的庫存該如何查詢與預約保留，到客戶常見問題集錦，以及對應方式都很詳盡地寫在裡面。

義大利同事看我讀得津津有味，跟我說：「怎麼樣？非常不可思議吧！讀完這本手冊大概就知道工作內容，以及會遇上的各種狀況了。這就是我喜歡日本文化的地方，什麼都有規範，不會失常。連個煮火鍋用的土鍋都會認真地附上使用說明書，告訴你這個鍋可不可以對應ＩＨ加熱系統，該怎麼清洗，非常貼心！」

身旁的另外一位同事則是打趣般地唸起裡面的對話例句，說他以為拿到了話劇的腳本。「原來只要按照著上面的對話和情節來演出就可以了，不需要思考太多，感覺很輕鬆！」他說。

當時我對於那本工作說明書沒有太多的想法，只是覺得有了這本說明

Ballroom
W1

書，只要不是太粗心的話，不管是誰來做這個工作大概都可以勝任吧！

完美的人生指南

來到日本，我又再次被這個「說明書」以及「指南大國」給震懾。只要情報搜集能力夠的話，基本上什麼想知道的事都查詢得到。當你覺得人生有點失去方向的時候，就可以去參考一下別人的人生規劃藍圖。想要學習財務管理、收納技巧、說話社交技巧，想要做一張完美的履歷表、或是想要規劃一場海外婚禮，都有各式各樣的書籍雜誌可以參考、有各種座談會可以參加，還有頭腦超清楚的專員，可以花個半小時就幫你打造出一個無敵精細的企劃書與預算表。

有了說明書，事情的進行大致上都可以很順利。所以住在日本一陣子之後，很容易就會患上「說明書依賴症候群」，要是收到的商品沒有附贈詳細的說明書，如果參加的活動沒有縝密的流程表，都會讓人質疑廠商或是主辦單位是不是忘了附上，或是根本準備得不夠周全。

只要是人，就是會遇上無法依照說明書運作而人生當機的案例。

「我的父母原本希望我到大企業就職，所以他們給我上了最好的幼稚園、很高級的中學和大學。後來我怎麼樣都應徵不上知名的公司，人生就像當機了一樣，再也修理不好了！我大概就是在某個環節出了差錯的不良品吧！」

「你聽說那個○○家的事了嗎？女兒花了好多年時間從醫學院畢業，好不容易才實習完畢，結果媽媽就突然失智需要長期照顧了。這個女兒無法工作，只能在家裡專心照顧媽媽。這麼多年來的努力，都必須因為照顧家人化成灰了，實在是太浪費了呀！」

即使擁有了完美的說明書，說到頭來我們依舊是人，是有可能因為一個不小心就出差錯或者當機的人，不是簡簡單單就可以複製別人的人生，貼在自己身上，然後就高效率地運作著。若老天在我們出生時就附上此人的使用說明書，說明電池大約有幾年的壽命、如何使用可以發揮最大效能的話，也許可以讓人活得更輕鬆自在，但似乎也少了許多可能性。

而我也很想跟那些想要購買《妻子使用說明書》的人說，其實這樣根本就是捨近求遠，何不回家與自己的妻子多相處，了解她內心真正的想法？天底下的妻子百百種，也不是同一種方法都可以讓所有的妻子開心滿意的。「自家妻子的使用說明書」，就掌握在妻子的手上，不是嗎？

人生的使用說明書，說穿了每個人都只有一本，而且就在自己手裡。沒人可以去過山田太郎的人生，只能且戰且走、一筆一筆寫下規則，以及不斷修正自己的方針了。

鶴
づる
謹賀新年
元旦
時間 11:30
ランチ時間

。有著熱呼呼年糕湯的日本新年。

今年是我在東京第七次跨年了。

今年的跨年特別平淡，一路忙到年末，然後在一年的最後一天（大晦日）到婆婆家一邊吃跨年蕎麥麵，一邊看《紅白歌合戰》和其他年末特別節目。等到婆婆家附近神社的除夜鐘響，互道一聲「新年快樂，今年也請多多指教喔！」後，我和枝豆就帶著豆豆在結凍的空氣中慢慢散步回家。

「新年的空氣一直都很冷呢！」

「對呀！感覺說出來的話都要變成一朵朵雲了。呼～呼～！」

我和枝豆蜷曲著身子，把手插在口袋裡肩並肩地走著。回家途中，我們到便利商店採買了大量洋芋片和可樂，接著回家熬夜看搞笑節目。隔天一早再到婆婆家吃年節料理（御節料理），與她道別後，再帶著小枝豆到附近的神社新年參拜。

不知道為什麼，即使是擠在神社參拜的人潮裡，我依然覺得今年跨年的東京特別冷清，感覺特別寂寞。我想起往年的跨年，我們會到公公家去拜年。公公總是在即將跨年時就開始忙著張羅新年時需要的各種裝飾和食物，家裡也會堆滿親戚朋友從日本各地寄來的賀禮，還有賀年明信片。我們會在公公家一起喝著熱呼呼的年糕湯，吃飯的時候公公家的電話也總是響個不停，而他總是接起電話用開著玩笑的口吻說：「今年也還好好地活著呢！明年還請多多指教囉！」

一月二日或是一月三日時，我們會開車帶著公公去拜訪他那些已經年邁的、比較不方便出門的朋友，和他們喝杯茶，送上新年禮物。一路上，我們也會聊著去年新年發生了什麼事，一整年之中有什麼改變。

總之，整個過年期間是很忙碌熱鬧的，讓人心裡暖暖的。而一直到公公過世後，我才知道那樣的熱鬧與溫暖，是因為他一直很用心地經營身邊的人際關係，一直用昭和年代的老派方式過年。所以當他不在了，過年期間，我們家再也熱鬧不起來。以前我很喜歡東京的新年，很喜歡在新年期間坐著空蕩蕩的電車到處走走逛逛。新年期間東京有大半的人都會返鄉過年，所以電車和路上都是空蕩蕩的，出門特別沒有壓力，也只有在這個時候可以用蝸牛般速度慢慢移動，好好地欣賞東京街景。

然而，今年這些看起來都特別寂寞與冷清。

「明年過年我不訂御節料理了喔！每年都吃一樣的東西沒意思，寧可把錢省起來買件新的衣服。」今年在婆婆家吃完御節料理時，她淡淡地說。

御節料理的內容確實總是大同小異，但沒有了它，人們好像就少了聚在一起的理由。聽起來很像是「所以今年過年就不放鞭炮囉，很吵呢！」、「今年過年就不用特地見面了，到處都塞車呢！」、「今年過年不用特別準備年菜了吧！很老派哩！」

一直到這一刻，我才知道自己有多喜歡、多想念那種熱熱鬧鬧的過年氣氛。新年有好多好吃好玩的，可以見到好久不見的親朋好友，可以讓人滿心期待明年的到來。

「今年過年實在太冷清了，我們回台灣吧！」這些情緒都還沒說出口，沒想到枝豆居然自己先提議。

「總覺得可以和家人相聚在一起熱熱鬧鬧的時間其實很有限，趁著我們都還有空的時候，多回台灣看看他們吧！」

那天我們立刻上網買了機票，帶上超精簡的行李在深夜飛回台灣。有別於東京的乾燥寒冷，台灣的溫暖讓我們瞬間都鬆了一口氣。我們在很短的時間裡

密集地與朋友和家人見面，一起吃飯聊天、開懷大笑，內心瞬間回溫了起來。

在東京，每逢節慶或是過年都會推出許多新商品，「一個人Size的耶誕蛋糕」、「一個人吃的年節料理」、「可以陪自己說話的寵物機器人」、「一個人不被打擾的旅行」……在商家用心的包裝下，這些商品看似溫暖可愛貼心，但在我眼中只是更襯托出東京的寂寞人口很多。

「不想多花錢」、「不想麻煩」、「不想被家人和朋友問東問西的」、「很想一個人安安靜靜的」……一度我也覺得自己似乎可以認同那種因為怕麻煩，所以和身邊的人保持安全距離的做法，但我終於明白了，切斷與別人的交流雖然很省事，但一點也不快樂，很容易把自己變成一個冷冰的機器人。我也明白了，在東京可以選擇不費事的冷漠生活方式，也可以靠自己的努力去建立一張有溫度的人際網絡。

從台灣回到日本之後，我在心裡默默做了一個決定：二〇二〇年的新年，我們家一定要熱熱鬧鬧的。雖然家裡人口不多，但希望每個人都能打從心底覺得「過年讓人心暖暖的」，就像熱呼呼的年糕湯一樣。

看來，現在就該開始規劃和做準備了。

。心的供養。

公公過世後，我第一次深刻感受到「供養」的重量。

我們家裡並沒有設置佛壇，只放了一張公公生前非常喜愛的彩色全身照片和一個簡單的香爐。香爐的旁邊擺了小盤、小杯子，放公公喜歡吃的仙貝與茶，然後再擺一只透明的花瓶，每兩週更換不同的花。

在公公還沒有過世前，我的人生中幾乎沒有「供養」這個概念。我出生於一個虔誠的天主教家庭，雖然每年十一月的煉靈月，教會會舉辦追思祖先的彌撒，不過對於拿香拜拜，用鮮花素果祭拜祖先這件事，對我來說很陌生。農曆七月，當身邊的人都忙著在大拜拜的時候，我只知道這時辦公室裡會有吃不完的泡麵和零食。

在公公過世的半年前，枝豆剛好接待了一位特地來日本研究「供養文化」的法國藝術家。據說這位藝術家是因為看了由漫畫改編成電影的《空氣人形》後，對於日本人「看似無生命的物體其實也住著靈魂」的觀點感到興趣，而風塵僕僕地跑到日本來。為了讓他對於日本獨特的供養文化有更深刻與具體的了解，枝豆帶著他前往茨城縣參加了「針的供養」和「剪刀供養」祭典。

「明天我要去參加針還有剪刀的供養祭典喔！」枝豆一邊打包行李一邊回頭跟我說。

「那是什麼祭典？為什麼要供養它們？」我滿頭問號。

「在日本，許多人相信針以及剪刀這樣的工具，即使是鈍了、壞了、不敷使用了，也不能隨便丟棄它。所以必須要舉辦一個正式而神聖的祭典，來感謝這些工具，之後再火化它們。其實許多日本人，尤其是職人，都相信針和剪刀裡面住著神呢！」枝豆說。

「太有意思了吧！我從來沒有思考過這樣的事！」

當時跟著枝豆一起看完《空氣人形》電影後，我也因此著迷上原作漫畫家業田良家的其他作品。其中有一本《機器人間》非常有意思，內容是由許多短篇故事集結而成。主角是有著溫度、會流淚、會感動、會思念的機器人們，相較之下，故事中的某些有著心跳的人類，反而顯得冷血、沒有人性，失去了人類原本應該具備的功能。

「如果什麼都不要多想，就不會難過，那麼活著就會自在輕鬆許多吧！

但如果那樣，好像又會少了很多感動。這真的是身為人的矛盾呢！」當下我忍不住這麼想。

因為對於供養文化產生了興趣，我開始蒐集有關日本供養文化的資訊。而挖著挖著，就挖出了好多有趣的事情。問了身邊日本朋友對於「供養」的了解，不少人都會直接想到「水子供養」以及「娃娃供養」。到日本的寺廟採訪的時候，我也曾經看過水子供養的牌位，經過寺廟的住持解說後，才知道原來那是供養因為流產或是墮胎手術而無法來到這世界的小生命而存在的。然而除了水子供養外，其實某些神社內還有提供動物供養服務，除了供養已經離世的心愛寵物外，也會供養一些被做為食物的動物。例如日本的肯德基，每年都會在七到八月舉行「炸雞吃到飽」活動的時候，一併在神社舉行「雞的感謝祭典」，來供養這些被大量食用的雞的靈魂。

而娃娃的供養更是時有耳聞。對於相信「物品有神」的日本人來說，有著和人類相似形體的娃娃們更是不能隨意丟棄。因此家中若有娃娃要丟棄的話，許多人會選擇把它們帶到提供「人形供養」的神社去，而坊間也流傳著不少「娃娃們在神社裡面，頭髮還一直在長長」的傳說，可見物品有神的概念早就深植在日本人的心中。

然而物品裡面除了會住著神，也有可能住著惡鬼或妖怪。

在知名妖怪漫畫家水木茂筆下的《鬼太郎》漫畫裡，朱傘和提燈的妖怪就是很典型被「付喪神」附身的物品，這些「付喪神」也被稱為「九十九神」。日本人相信，物品只要放置一百年不理睬使用它，它就會逐漸吸取日月精華，甚至是周遭的怨念或是靈性，進而變成妖怪。據說日本的職人們還是非常相信這種說法，所以對於自己使用的器具都會非常謹慎地保養擦拭，而且也會致力製作可以長期使用，不會輕易被丟棄的物品。

仔細想想，日本人的供養文化其實包含兩個面向：其一是帶著「感謝」的意味，其二是帶有「敬畏」的心情。簡單地說，就是對於一直任勞任怨、不求回報的物品，至少也要正式謹慎地與它道別，免得在丟棄物品後因為被怨恨而遭到報復，大概是這樣的意思吧！

在這個物品被大量生產，然後又被快速淘汰拋棄的社會中，「供養」的概念似乎顯得有些過時與沉重。但在反覆咀嚼後，又會忍不住覺得它其實是個在如今的快轉社會中，容易被遺忘的真理。

供養真正的意義

公公還在世的時候，對我非常非常地好。只要是我說過喜歡吃的東西，公公總會在週末見面時特地準備。而每年我的生日，公公從來就沒有忘記過，總是會特別準備禮物和卡片給我，就算無法親手交給我，也一定會用快遞讓我在生日當天收到。

在公公離世後，這些回憶就像有生命似地，每天都來我的腦海敲門。我也很自然地，會每天一早為公公點一炷香，旁邊放一杯他喜歡的熱焙茶，出門時順手帶一束當季的美麗花束回家，因為公公生前最喜歡蒔花弄草。而這些其實無關宗教信仰，而是我想這麼做，這些事也是我從公公身上學到的，想要回饋給他的。然而很奇妙地，日復一日地做著這些事，讓我感到心裡越來越平靜，想法也變得堅定。好像一天一天地在擦拭自己心裡那面鏡子一樣，擦著擦著變成了習慣，然後就可以更清楚地看清自己。

記得在漫畫《觀用少女》中有這麼一段話——

「這些美麗如少女的娃娃們，只有遇到有緣人才會睜開她們美麗的眼睛。然而撫養這些美麗的娃娃需要非常細心，除了每天要用牛奶以及糖果來餵

養她們之外，最重要的是要用愛來灌溉她們。這些娃娃們的定價雖然貴得驚人，但是供養她們的人，卻獲得了金錢買不來的精神滿足，填補了空虛的心靈。」

在對供養文化有了進一步的了解後，不管是到日本神社參拜時，或是回想起台灣的七月拜拜或是家中設立有佛壇的房子，都會忍不住覺得溫暖且可愛。

不管出於感謝或者因為敬畏，到頭來，人們不管用有形的或是無形的來供養的，說穿了，其實是自己的心呢！

國家圖書館出版品預行編目資料

東京二見鍾情：明太子小姐の東京生活手帳2/ 明太子小姐著. -- 初版. -- 臺北市：平裝本, 2019.11 面；公分. --（平裝本叢書；第0494種）(iCON；53)

ISBN 978-986-97906-9-7(平裝)

731.726085　　108016720

平裝本叢書第0494種
icon 53

東京二見鍾情

明太子小姐の東京生活手帳 2

作　　者—明太子小姐
發 行 人—平雲
出版發行—平裝本出版有限公司
台北市敦化北路120巷50號
電話◎02-2716-8888
郵撥帳號◎18999606號
皇冠出版社（香港）有限公司
香港上環文咸東街50號寶恒商業中心
23樓2301-3室
電話◎2529-1778　傳真◎2527-0904
總 編 輯—龔橞甄
責任編輯—張懿祥
美術設計—嚴昱琳
著作完成日期—2019年
初版一刷日期—2019年11月
法律顧問—王惠光律師

讀者服務傳真專線◎02-27150507
電腦編號◎417053
ISBN◎978-986-97906-9-7
Printed in Taiwan
本書定價◎新台幣350元/港幣117元